职业院校师德师风教育与建设研究

ZHIYE YUANXIAO SHIDE SHIFENG JIAOYU YU JIANSHE YANJIU

顾春华　焦雪勐　主编

文化发展出版社
Cultural Development Press
·北京·

图书在版编目（CIP）数据

职业院校师德师风教育与建设研究 / 顾春华，焦雪勐主编．— 北京 ：文化发展出版社，2023.1
ISBN 978-7-5142-3893-8

Ⅰ．①职… Ⅱ．①顾… ②焦… Ⅲ．①职业教育－师德－研究 Ⅳ．① G715

中国版本图书馆 CIP 数据核字 (2022) 第 240505 号

职业院校师德师风教育与建设研究

顾春华　焦雪勐　主编

出 版 人：宋　娜
责任编辑：杨　琪　管思颖　　责任校对：岳智勇
责任印制：邓辉明　　　　　　封面设计：郭　阳
出版发行：文化发展出版社（北京市翠微路 2 号 邮编：100036）
发行电话：010－88275993　010－88275711
网　　址：www.wenhuafazhan.com
经　　销：全国新华书店
印　　刷：北京捷迅佳彩印刷有限公司

开　　本：710mm×1000mm　1/16
字　　数：221 千字
印　　张：15.25
版　　次：2023 年 3 月第 1 版
印　　次：2023 年 3 月第 1 次印刷

定　　价：65.00 元
I S B N：978-7-5142-3893-8

前言
PREFACE

师德师风是评价教师队伍素质的第一标准。教师思想政治和师德师风建设工作是凝心铸魂、立德树人的基础性工程，贯彻和落实师德师风建设应该是每一所学校常抓不懈的工作，既要有严格制度规定，也要有日常教育督导。

教育部、财政部在《关于实施职业院校教师素质提高计划（2021—2025年）的通知》中明确提出要以习近平新时代中国特色社会主义思想特别是习近平总书记关于职业教育的重要指示批示铸魂育人，推进理想信念教育常态化，将思想政治和师德师风纳入教师培训必修内容。上海市教育委员会在《上海市“十四五”职业院校教师培训工作实施意见》(试行)中强调要把师德师风作为职业院校教师专业发展的首要任务，将师德师风教育纳入各级各类培训，培训内容包括：师德师风建设、课程思政教学能力、思想政治教育、职业理想教育、职业道德教育、法治教育和心理健康教育，引导教师树立做“四有”好教师的职业理想。

因此，开展职业院校教师师德师风建设常态化培训，引导广大教师以德立身、以德立学、以德施教，是职业院校提升立德树人成效的必由之路。本书基于“2022年度上海市职业院校教师师德师风建设培训项目”中学员的研修成果汇编成册，呈现这些职业院校教师对于师德师风建设工作理论与实践的思考，以期促进学员之间师德师风的学习与交流。

本书由上海出版印刷高等专科学校顾春华、焦雪勐担任主编。内容由来自上海市14所职业院校的37位教师共同完成。上海出版印刷高等专科学校杨爱玲、徐东、阮时敏、杨静茹在本书的编写过程中给予了大力支持和帮助，在此表示衷心的感谢！

本书的编写和出版得到了上海市职业院校教师素质提高计划国家级研修项目经费的支持，在此表示由衷的感谢。

编者

2022 年 12 月

目录

CONTENTS

一　职业院校师德师风教师学习后的研究与反思

余玉峰

（上海电子信息职业技术学院，上海 200093）

摘要：中国教师在师德师风的学习过程中，大多数人是在有一定背景知识的基础上和暑假里学习这一科目的。所以，我们的学习愿望是如此强烈，甚至强化了我们这些教学工作者的学习目的。笔者通过分析和研究师德师风培训班上教授们的教学内容并在理解和教学实践中进行反思，揭示了师德师风研讨班对于我们英语老师的教学工作的正面影响。

关键词：正面影响；职业教育

踏上讲台身为人师的二十多年时光里，有泪水，也有欢笑；有迷茫，也有收获。今年暑期的师德培训让笔者收获很多，以往的困惑也在培训中慢慢诠释，找到了明确的答案。也在懵懂中明白了一个道理，师德是一种职业道德，它是教师和一切教育工作者在从事教育活动中必须遵守的道德规范和行为准则。教师的道德素质比教师的文化素质更为重要，教师的道德是教师的灵魂，师德是教师人格特征的直接体现。师德师风对一个教师来说是非常重要的，因为，教师是学生行为的标杆，教师的一言一行、一举一动都在潜移默化地影响着学生。因此，师德师风的好坏往往影响和决定了学校的校风和学风的好坏。

透过师德师风的学习，浅谈职业院校师德师风教师学习中的互动研究。

（1）严于律己，注重言行。为人师表，坚持严于律己，增强自身的自控能力，每一天都带着一份好心情和好情绪投入工作中，带着微笑迎接学生。高职院校的工作烦琐，压力也很大，但是要坦然面对，不因个人的得失斤斤计较，不把个人情绪带到工作中。能够说每一天都是以平和的心态，饱满的情绪，真诚地对待每一个学生。用平常的心态和高兴的情绪来干实事。

（2）培养良好的内在素养。天生丽质固然能给人以美感，使人愉悦，但是作为一名人民教师更重要的是塑造内在的修养，这样教师本人的学识和内在的专业素养就显得格外重要。只有不断地更新自己的知识，提高自身素质，不断地完善自己，才能教好学生。在教学中要做到有效备课，体现教师的教学智慧，常规教学做到扎实有效。

（3）刻苦钻研业务。精通教学业务是教师之所以称为教师的关键。只有精通英语教学业务，才能将科学文化知识准确地传授给学生。如果学生提出的问题教师总是不能准确地解答，教师在学生中的威信就会逐步丧失，学生对教师也没有什么信心可言，教师要不断地提高教学业务水平，就务必自觉坚持学习和参加业务培训，并在教学实践中锻炼和提高。我们必须要与时俱进，孜孜不倦地学习，用心钻研，积极进取，开辟新教法，并且要做到严谨治学，诲人不倦，精益求精。

（4）坚持一切为了学生，为了学生的一切，与每一个学生建立平等、和谐、融洽、相互尊重的师生关系。只有尊重每一个学生的人格，努力发现和开发每一个学生的潜在优秀品质，正确处理教师与学生家长的关系；只有我们看重学生，学生得到老师的认可，他们才会尊重老师，愿意学习这个老师所传授的各种知识。用师爱铸就崇高的师魂，在教育中要做到严中有爱，爱中有严，如果我们把学生当成天使，那么我们就会感觉生活在天堂。

（5）注重团队合作。我们高职高专的工作需要多方人员的配合才能得以良好运作，这就需要教师具备良好的团队合作精神。团队精神，字中包含四个意思，简单说来就是沟通、信任、团结、协作和互相帮助。我们的学院是个大家庭，个人只有融入这个大家庭才能得到提高，体会到工作的乐趣，学院才能得到发展。因此，在工作中我们应该注意与其他老师的合作，不计较个人得失，以集体荣誉为前提，做好每一项工作。

（6）由于教育本身具有一定的复杂性，因此，师德不是简单的说教，而是一种精神体现，一种深厚的知识内涵和文化品位的体现！师德需要培养，需要教育，更需要的是每位教师的自我修养！笔者认为自己的教师生涯里，不需要轰轰烈烈，只要将作为教师的美德继续传承下去，让自己在不断的自我发展中自我剖析，在自我发展、自我完善、自我超越中实现自我的人生价值。

（7）经过学习，笔者反复思考，反思自己的教学过程，十年树木，百年树人，我们的教学实属不易，在讲台上已经站了好多年，迎来送往了大批学生，送别他们后，本人依然感到对三尺讲台非常留恋，同时通过这次网上的研讨学习，也学到了许多知识和做人的道理，有很多的启示，也有许多切身的体会，现在做大学英语教师实属不易，有些知识点教学用以前的理论和方法已经不能奏效，在新时代里需要运用新的办法才行。教师的教法必须要有新意，与学生需要加强沟通与互动，我们也需要获得他们的认可才行。对于这个新方法，笔者通过这次研讨班的学习，积极向做演讲的教授们、领导们、老师们和同行们学习，努力汲取他们身上的优点，取长补短，也找到了部分答案。比如说，教授不同的专业课，需要了解相关的专业知识，相关的英语专业知识也要加强，那么在教基础英语和专业英语的时候，才不会发慌，才可以有的放矢。

（8）德高为师，身正为范。教师是知识的化身，是智慧的源泉，是道德的典范，是人格的楷模，是学子们可靠的引路人。换而言之，教师是学生美好心灵的塑造者。因此，要时刻以“德高为师，身正为范”这八个字提醒自己。无私奉献，以德立教，以身示教，用高尚的人格为每颗纯洁心灵作先锋模范。

（9）加强政治学习，不断提高政治素养。

（10）爱心是师德师风素养的重要表现。崇高的师爱表现在对学生一视同仁上，绝不能厚此薄彼，按照成绩区别对待。要做到“三心俱到”，即爱心、耐心、细心。无论在生活上还是在学习上，时刻关爱学生，特别是对那些学习特困生，更是要“特别的爱给特别的你”。切忌发怒急躁，言行过激，对学生要有耐心，对学生细微之处的变化也要善于发现，并且多加鼓励。培养学生健康的人格，树立学生学习的自信心，注重培养他们的学习兴趣。

（11）孜孜不倦，积极进取。有句话是这样说的，没有学不会的学生，只有不会教的老师，其实对于这样的言语我们并不苟同，细细思量下来，笔者认为，这就向老师提出了更高的要求。不断提高自身素养，不断完善自己，以求教好每一位学生，具体怎样提高自身素养呢？这就要求我们一定要与时俱进，孜孜不倦地学习，积极进取，开辟新教法，并且要做到严谨治学，诲人不倦，精益求精，厚积薄发，时刻准备着用一眼泉水来供给学生一碗水。

（12）以身作则，率先垂范。教师的一言一行对学生的思想，行为和品质具有潜移默化的影响，教师的一言一行，一举一动，学生都喜欢模仿，会给学生带去一生的影响，因此，教师一定要时时处处为学生做出榜样，凡是要求学生不可以做的，自己坚决不做，凡是教师要求学生要做到的，自己首先做到。严于律己，宽以待人，同时以身作则，才能让学生心服口服，把你当成良师益友。

总之，作为一名人民教师，我们要从思想上严格要求自己，在行动上提高自己的工作责任心，树立一切为学生服务的思想。提高自己的钻研精神，发挥敢于与一切困难作斗争的思想和作风。刻苦钻研业务，做到政治业务两过硬，用赤诚之心培育人，用高尚的人格魅力吸引人，崇高的师德塑造人。只有不断提高教师自身的道德素养，才能培养出明礼、诚信、自尊、自爱、自信和有创新精神的高素质人才。

参考文献

[1] 刘捷．专业化：挑战 21 世纪的教师［M］. 北京：教育科学出版社，2002.

[2] 檀传宝．论教师“职业道德”向“专业道德”的观念转移［J］. 教育研究，

2005(1).
[3] [法] 埃米尔·涂尔干. 道德教育 [M]. 陈光金，等，译. 上海：上海人民出版社，2001.
[4] 张芬只，郑高洁. 河南省师范生职业认同感调查研究 [J]. 天中学刊，2007(3).
[5] 王玥，王彦. 教育叙事：在实践中体悟生命 [J]. 教育研究（北京），2005(2).
[6] 王玥，王彦. 教育叙事——从文学世界到教育世界 [J]. 全球教育展望，2005(4).
[7] 张晓乐. 框架理论视野下的道德叙事 [J]. 全球教育展望，2005(4).
[8] 黎加厚. 信息时代的教育叙事与教师主体意识的觉醒 [J]. 中国电化教育，2004(10).
[9] 丁刚. 教育与日常实践 [J]. 教育研究（北京），2004(2).
[10] 丁刚. 教育叙述何以可能？[C]. 北京：教育科学出版社，2002.

二　多措并举，铸牢中华民族共同体意识

孙晓飞

（上海市群益职业技术学校，上海 201111）

摘要：2011 年上海市群益职业技术学校成为上海市第一批承办新疆内地中职班的办班学校。十一年来，为做好新时代党的民族工作，学校通过党建引领、立德树人、教育赋能、互融互通、社会关爱等多措并举，全方位推动铸牢中华民族共同体意识教育工作，并取得了一定成效。

关键词：多措并举；铸牢；中华民族共同体意识

2021 年 8 月，习近平总书记在中央民族工作会议上特别强调，铸牢中华民族共同体意识是新时代党的民族工作的“纲”，所有工作要向此聚焦。这一重要判断，为我们做好新时代党的民族工作指明了前进方向，提供了根本准则。2011 年，上海市群益职业技术学校（以下简称群益职校）成为上海市第一批承办新疆中职班的办班学校之一。十一年来，通过党建引领、立德树人、教育赋能、互融互通、社会关爱，扎实推进和落实中华民族共同体意识。

什么样的建设者和接班人才能担负起中华民族伟大复兴的重任？毋庸置疑，他们必须是热爱中国共产党、热爱祖国、热爱社会主义，具有牢固的中华民族共同体意识，德智体美劳全面发展的一代新人。作为内职班办班学校，肩负着做好民族工作和教育工作的双重使命，要求更高。多年来，学校秉持“爱、严、细”

三字方针，坚持立德树人、铸魂育人，以“五个认同”教育、爱国主义教育、民族团结教育为核心，努力培养“爱国爱疆、身心健康、行为规范、技能过硬、全面发展”的知识型、发展型技术技能人才。截至2021年9月，累计招生1440人，来自全疆十三个地州，其中少数民族学生1035人，占总人数的72%，涉及哈萨克族、柯尔克孜族、维吾尔族等16个民族。截至目前共毕业1020人，其中350人考入上海相关高校、182人考入新疆当地高校，升学占比达52%。依托沪喀联盟平台，内职班学生就业率达100%，分布在新疆际华七五五五职业装有限公司、广汇集团下属4S店等校企合作单位。有些毕业生凭借自身过硬技能自主创业，年产值可达百万元。学校先后在2012年和2021年被评为“上海市中小学（中职）民族教育工作先进集体”。

一、党建引领，铸牢中华民族共同体意识

坚持党建引领，为铸牢中华民族共同体意识提供坚强保障。学校始终坚持和加强党的领导，全面贯彻党的教育方针，牢牢把握新时代党的民族工作主线，推进学校铸牢中华民族共同体意识工作有部署、实施有方案、落实有步骤、保障有措施、效果有检查。坚持骨干培养，加强铸牢中华民族共同体意识的队伍保障。从共产党员和骨干教师中选派优秀教师担任内职班班主任和任课教师，邀请全国、市劳动模范、企业技术骨干作为外聘兼职教师，提高了内职班学生工作队伍政治素养，也为学生树立了榜样，辐射带动全体学生发展进步。

二、立德树人，铸牢中华民族共同体意识

德育工作是内职班工作的重中之重。学校不断完善学校民族团结进步教育长效机制，建立学校、企业、社会的德育大环境，构建以民族团结教育为主线的协同育德体系，为铸牢中华民族共同体意识打下坚实基础。学校抓住入校关键期，狠抓军训、政训，规范行为养成，培养团结意识。紧紧围绕活动主题，抓住课堂教学、社会实践、校园文化的重要环节和时间节点，把民族团结教育活动开展到

每个班级，覆盖到每个学生。组织学生打卡中共一大、二大会址、龙华烈士陵园、淞沪抗战纪念馆等红色地标，观看红色经典影片、宣讲红色故事，大力弘扬以爱国主义为核心的伟大民族精神，让红色文化成为立德树人的源头活水；依托“青马工程”“四史”“党史”等主题学习教育活动引导学生知史爱党、知史爱国；聘请企业园林专家指导学生利用新疆当地戈壁滩风砾石制作江南山石盆景；聘请上海市非物质文化龙凤旗袍和海派剪纸的传承人，任教内职班学生龙凤旗袍盘扣社团和剪纸社团。学生在技能学习中成为“非遗”的传承人、中华传统文化的传播者，民族学生的盘扣作品曾代表中国在米兰世博会展出，大大增强了学生文化自信；利用春节、端午、中秋等中国传统节日邀请国学专家开展古典诗词和民俗的学习，学生还通过包饺子、包汤圆、包粽子等亲身体验传统文化。这些都大大增强了教育活动的针对性、实效性、吸引力和感染力。除此之外，学校还定期组织开展民族教育专题培训、讲座，加强政策与形式的宣传教育，利用宣传栏、黑板报、微信公众平台等载体，发挥传媒在民族团结进步宣传教育中的作用。

三、教育赋能，铸牢中华民族共同体意识

办班十一年，学校不断优化完善人才培养方案，建立“政府、行业企业、学校”三方联动的协同育人机制，构建“德育为先、强技为本、素养为基”三条全面育人路径；搭建就业协作体系、就业团队指导体系、交互式实习管理体系三大体系，为学生实习、就业与管理保驾护航，助力内职班学生人人皆可成才，人人尽展其才。

2011 届汽修专业毕业生阿卜杜外力于 2016 年在喀什开了首家汽车维修店，当时的面积仅 200 平方米。2020 年，开设路霸汽车服务俱乐部，总面积达 600 平方米，拥有 8 个专职员工，从之前的年产值 30 万元增加到 100 多万元。

2021 届服装设计与工艺专业毕业生阿克朱力·加拉尔别克毕业返回他的家乡阿勒泰后，利用在校掌握的服装专业知识和在校企合作单位新疆际华七五五五

职业装厂实习中获得的操作经验，盘活了村里闲置已久的国家扶贫项目——手套厂。目前他生产的手套已经有稳定的销售渠道，能提供十多个就业岗位，为家乡的脱贫致富做出卓越贡献。

2014 届学前教育专业毕业生努尔加玛丽•穆萨已经成为莎车县艾力西湖镇幼儿园骨干教师。这几位创业、就业的学生，只是群益职校 1020 名内职毕业生的缩影。

通过教育，不仅为每位学生的生命成长赋能，阻断了贫困代际传递，更是铸牢中华民族共同体意识的生动实践。

四、互融互通，铸牢中华民族共同体意识

学校不仅要帮助同学们掌握知识和技能，更要教育学生做民族交往、交流、交融的使者，帮助他们牢固树立正确的祖国观、民族观、文化观、历史观，把爱我中华的种子植根在学生们心灵深处。

还清楚地记得第一批内职生基本都来自喀什农牧民家庭，普通话水平低，非常不适应在上海的生活。当时学校动员大量的本地班志愿者，从语言、内务、学习等角度全面帮扶内职生。尤其是本地住宿生志愿者，将“改变人生从叠被子开始”的理念手把手地传递到内职生中。时至今日，我校新疆部的内务已成为校园中一道亮丽的风景线，每年数十批来自各地的同行到我校访问，参观第一站永远是新疆部的宿舍。

随着内职生生源普通话水平的提高，本地班与新疆部的交往从最初的志愿服务慢慢向“结对子”变化。2014 年以来，新疆部积极响应新疆教育厅的混班混学要求，各班级不仅根据专业的实际情况每年与本地班“结对子”，开展形式多样的交往、交流、交融活动，还在专业教学上共同实训实习、共同开展社团活动，共同开展大赛集训等，两地学生取长补短，共同进步，并连续多年在市级或区级比赛中获奖。

在“结对子”的学生中，内职班学生受邀走进上海人的家庭，感受家的温馨

和亲人的温暖，进一步了解本地文化，对上海生活也有了直观认识和深入了解，内职班学生不仅向本地家庭送上了具有新疆特色的礼物，还主动向本地家庭介绍自己家乡的风俗、美景和美食，让本地家庭对新疆和新疆人民有了更清晰和准确的认识和了解，感受到了新疆人民的淳朴友爱。交往、交流促进了民族融合，绘就了民族团结进步“同心圆”。

五、社会关爱，铸牢中华民族共同体意识

学校积极营造全社会关心、关爱少数民族学生、促进民族团结、共建和谐社会的浓厚氛围：区县民政局、校企合作办学单位、当地公安、派出所、街道社工等从多个层面关心、关注内职班学生的学习和生活，并积极开展“成长 1+1”结对活动和爱心捐助活动。如上海闵行区民政局、莘庄工业区每逢年末都会为每位学生送来 500 元的生活补助金，上海航天研究院为学生送来冬日御寒的围巾，上海诺倬力有限公司在疫情暴发之初为学生免费提供防控急需的口罩。内职班一位学生的母亲患尿毒症，师生携手多方筹款，仅两天募集善款 6 万多元。凡此种种，用爱心诠释了民族团结教育，用关怀提升了学生的归属感，用爱心架起沟通的桥梁，让内职班学生真正体会到了各民族都是一家人，感受到祖国大家庭的温暖。

过往皆为序篇，面对新时代、新要求，我们不仅要与时俱进，更要以高远的历史站位，强烈的政治意识、大局意识、责任意识，多措并举、凝聚共识、群策群力、精益求精，全方位推动铸牢中华民族共同体意识教育工作，为圆好中华民族一家亲的“团结梦”，各民族共同繁荣进步的“发展梦”，实现中华民族伟大复兴的“中国梦”，做出新的更大的贡献，让民族团结之花常开长盛。

三　有效运用红色资源，培育学科核心素养

——以中职思政课为例

黄蔷薇[①]

（上海新闻出版职业技术学校，上海 200431）

摘要：思想政治学科核心素养是学科育人价值的集中体现。红色资源是我们党百年奋斗历程的见证，是最宝贵的精神财富。习近平总书记曾提出要强化其教育功能。本文聚焦红色资源的有效运用，探索培育中职生思政学科核心素养的可行策略。

关键词：红色资源；核心素养；中职生

《中等职业学校思想政治课程标准（2020 版）》（以下简称中职思政课标）指出，学科核心素养是学科育人价值的集中体现。通过思想政治课程学习，培育学生的思想政治学科核心素养。红色资源是我们党百年奋斗历程的见证，是最宝贵的精神财富。习近平总书记特别强调，要用心用情用力保护好、管理好、运用好红色资源。要抓好青少年学习教育，让红色基因、革命薪火代代传承。有效运用红色资源，是培育中职生思想政治核心素养亟待重视的问题。

---

① 黄蔷薇，女，心理学硕士，研究方向：学校心理健康。

一、中职思政课核心素养的育人目标

党的十八大以来，以习近平同志为核心的党中央高度重视教育工作，把立德树人作为根本任务，强调“立德”是教育的首要任务，是促进人全面发展的基础和先导。习近平总书记指出：“人才培养一定是育人和育才相统一的过程，而育人是本。人无德不立，育人的根本在于立德。这是人才培养的辩证法。”

思想政治课程是中等职业学校德育工作主渠道，是落实立德树人根本任务的关键课程，而学科核心素养则明确了中职生学习思政课程后应形成的正确价值观念、必备品格和关键能力，主要包括政治认同、职业精神、法治意识、健全人格和公共参与，既紧密依存、互为作用，又有机统一，体现了课程特色的育人目标。中职思政课围绕培育中职生核心素养的主题，引导学生立德成人、立志成才，树立正确的个人发展观，厚植爱国主义情怀，成为担当民族复兴大任的时代新人、成为德智体美劳全面发展的社会主义建设者和接班人。

二、红色资源的育人功能及运用现状

红色资源是指中国共产党领导广大人民群众在革命、建设、改革开放过程中所形成的精神文化和物质载体，以及为展示这些精神文化和物质载体所建立的纪念碑、纪念馆等纪念设施或空间。习近平总书记曾提出要强化其教育功能，要“围绕革命、建设、改革各个历史时期的重大事件、重大节点，研究确定一批重要标识地，讲好党的故事、革命的故事、英雄的故事，彰显时代特色，使之成为教育人、激励人、塑造人的大学校”。

可见，红色资源的育人功能毋庸置疑，然而只有经过转化才能成为教育教学资源，也只有经过教育教学环节的应用，才能成为优质资源，原因在于：一是红色资源的诞生和存在是历史的自然产物，并非为教育教学所专有，只有通过转化，才能发掘其教育意义；二是时代的变迁，受众与社会环境不断发生变化，部分原生态红色资源的意义需要经过发掘研究，赋予时代意义的转化利用，才能为新受众所接受；三是红色资源应用于教育教学环节，其天然的鲜活性和生动性，有助于提升教育教学效果。

当前，红色资源的运用仍存在不同程度的形式化、虚化、弱化现象。比如，教师在运用红色资源的过程中，仅仅局限于其理论观感，而忽略了这些红色资源与思政课核心素养、相关教学内容以及现实问题的关联性，难以揭示深层价值，尚未达到“贴近实际、贴近生活、贴近学生”的目的，易使学生产生不同程度的认知困境。另外，红色资源在中职思政课教学中的融合途径非常单一，主要依靠的还是思政教师的能力与素质，并且缺乏优秀成功的教学案例来参考，探索的深度和广度还远远不够。思政教师在应用中最常用的做法就是将一些革命英雄人物事迹的素材简单地嵌入课堂中，让学生了解、学习英雄人物的事迹和精神，这样难免导致红色资源无法在中职思政教学中充分发挥其蕴含的育人功能。

三、有效运用红色资源，应遵循“三要”

有效运用红色资源，是培育中职生思想政治核心素养亟待加强的途径。教育部制定的 2020 版中职思政课标强调了课程资源的开发与利用，特别指出：“课程资源的开发要坚持正确的政治方向，有利于培育和践行社会主义核心价值观，传播正能量。……课程资源的开发要反映新时代新要求，符合当前中职学生的接受习惯，将信息技术的最新成果与教学深度融合，帮助教师更新教学观念，改进教学方式，提升教学效果。”

基于中职思政课标的指引，笔者认为红色资源有效运用于中职思政教学应遵循“三要”。第一，要始终坚持以培育思想政治核心素养作为红色资源的运用目标。第二，在运用红色资源时，要始终遵循“三贴近原则”，使中职思政教学入眼、入耳、入脑、入心，让理论知识情景化、具体化和生活化。第三，要始终关注红色资源的“时空延伸”，积极运用现代信息技术，将红色资源从思政课堂延伸到“指尖课堂”“流动课堂”，打通书内书外、课内课外、校内校外，使中职思政课在红色资源的助力下真正“活起来”“潮起来”“新起来”。

四、有效运用红色资源，培育学科核心素养

下面，笔者结合具体教学实践来浅谈实施策略。

（1）妙用红色资源，创设沉浸式学习体验

在“中国共产党的根本立场、宗旨和使命”一课中，教材内容呈现出知识点抽象、理论性较强、难以体验的特征，因此，激发学习兴趣、激活情感体验，是首要挑战。同时，基于中职思政课标，结合学情将教学目标设定为：理解中国共产党的根本立场、宗旨和使命，感悟中国共产党是中国革命、建设和改革的领导核心，坚决拥护党的领导，坚定把青春奋斗融入党和人民事业的意识，积极以行动诠释新时代青年的使命与担当。在“坚守党的立场宗旨，践行党的根本使命”这一教学环节中，通过学生的原创课本剧《永不消逝的电波：李白独白》，将李白烈士的英雄事迹再现于课堂，实现红色资源的体验式转化运用，有助于创设感同身受的教学情境，提升教学感染力，协助学生理解“为人民谋幸福、为民族谋复兴是中国共产党人的初心，也是中国共产党人的根本使命”，深刻领悟“人民立场是中国共产党的根本立场”。

在“职业理想的作用”一课中，教材内容是学生“熟悉却尚未真正理解”的“职业理想”。根据中职思政课标的指引，结合学情将教学目标设定为：了解个人价值的实现离不开社会发展的大环境，理解社会发展是实现人生梦想的客观环境，领会新时代为个人发展提供了广阔舞台，确立符合时代要求的职业理想。在课前，邀请学生们参观韬奋纪念馆，并选择用韬奋先生的一段生平创作课本剧。韬奋先生是中国近代杰出的新闻记者、出版家，他以犀利之笔铸就了英雄丰碑。学生们在参观纪念馆的过程中深受触动，主动查找资料、编写剧本、练习表演，学习小组分别完成了《少年立志》与《使命担当》两段课本剧，并在课中的“时空影像”环节予以展现，创设了沉浸式学习体验，深刻感受到韬奋先生对职业理想的坚守，以及把个人前途与国家发展紧密相连的家国情怀。

基于中职思政课标，结合学生学习习惯、成长规律、思维特点，对红色资源予以沉浸式转化，增强了中职思政课堂的感染力和说服力，做到见人见物见精神，

让学生走进历史、触摸历史、感悟历史，在亲历感知、实践锤炼中厚植情感情怀，激发使命责任担当，培育核心素养。

（2）巧用红色资源，打造跨时空学习体验

“历史是最好的教科书，也是最好的清醒剂。”以“四史”学习教育为契机，结合教学内容，将红色资源加以自主开发，制作了一套“回眸 100 秒”中职思政课程资源包，包括《信仰的召唤》《信仰的传承》《战争史上的奇迹》《人民至上，铮铮情怀》等 7 个时长均为 100 秒的短视频。

在“以人民为中心的科学内涵”一课中，根据中职思政课标，结合学情，教学目标设定为：认清“坚持以人民为中心”不是一个抽象概念，丰富对“发展为了人民、发展依靠人民、发展成果由人民共享”这一理念的认识，领悟中国共产党始终坚持人民至上的真挚情怀。在课前，布置预习任务“上海是怎样完整交到人民手中的？”引发学生思考，学生通过自主学习红色资源包中《战争史上的奇迹》一节，完成了必要的知识储备；课中以此问题展开讨论，引思明理，通过这段史实思考其背后的深意，感悟中国共产党始终坚持人民至上的真挚情怀。

“短小精悍”的微视频，符合当代中职生的信息接收和认知加工风格，并且既能用于课前预习，也能用于课中的讨论和巩固，更能用于课后强化重难点。在现代信息技术的支持下，思政课程红色资源包突破了传统的教学时空，学生可利用碎片时间，随时随地在网络平台上观看学习，真正使思政课堂延伸到了书外、课外和校外，在跨时空学习体验中增强了学业效能感。

（3）活用红色资源，发挥社会大课堂作用

我们党在百年奋斗历程中，留下了大量的革命旧址、遗迹遗存和实物资料。上海，作为中国共产党的诞生地和初心始发地，红色基因渗透在这座繁华都市的血脉深处。习近平总书记指出，“社会是个大课堂”“思政课不仅应该在课堂上讲，也应该在社会生活中来讲”。

显然，培育中职生思政核心素养不能停留在书本上、止步于教室里，而要注重从社会大课堂中汲取养分和动力，要“把思政小课堂同社会大课堂结合起来，教育引导学生立鸿鹄志，做奋斗者”。为此，教学团队开展专项调研，深挖红色资源，精选教学内容，优化教学环节，开发了“流动的红色课堂”系列教学实践活动。

以“中国共产党是最高政治领导力量”一课为例，根据中职思政课标，结合学情，教学目标设定为：理解中国共产党是马克思主义执政党，领悟党的领导是历史和人民的选择，拥护党的领导，领会中国共产党领导是中国特色社会主义最本质的特征和中国特色社会主义制度的最大优势。本堂思政课从教室搬到了上海解放战争纪念馆，围绕“明理、悟道、笃信、力行”四个环节开展现场教学。从一件件满载历史遗迹的文物中，学生深入感知到上海解放的历程，以及中国共产党在上海解放战役中使用的战略决策、作战方针和做出的巨大牺牲，深刻感悟到“中国共产党为什么能”，更加认同必须坚持党的领导，听党话跟党走。

2022 年 3 月，上海市政府通过“中国上海”门户网站向社会公布《上海市红色资源名录（第一批）》，明确了重点旧址、遗址、纪念设施或场所类，共 612 处；重要档案、文献、手稿、声像资料和实物类，共 236 件 / 套。中职思政课要充分运用这些红色资源，讲好革命领袖、英雄模范、改革先锋的故事，让中职生感同身受、见贤思齐，把自己的小我融入祖国的大我、人民的大我，弘扬民族精神和时代精神，培育思政学科核心素养。

参考文献

[1] 冯雅，吴寒，李刚．论习近平红色资源观 [J]．图书馆论坛，2022，42(1)：1-12.

[2] 中华人民共和国教育部．中等职业学校思想政治课程标准（2020 年版）[S]．北京：高等教育出版社，2020.

[3] 邓倩儿．基于核心素养的思想政治课教学设计与实施探索——以《经济政治与社会》为例 [J]．广东教育（职教版），2020(10)：107-109.

[4] 徐冬萍．中职“思政课”如何培养学生公共参与素养 [J]. 现代职业教育，2021(34)：12-13.

[5] 林丽萍．核心素养导向下中职思想政治课议题式教学探析 [J]. 新课程研究（中旬 - 双），2021(1)：54-56.

四　基于CIS理论的中职学校校园文化建设研究

——以上海市为例

史文晴[①]

（中华职业学校，上海 200023）

摘要：中职校园文化建设是职业教育落实立德树人的重要途径。当前，中职学校校园文化建设仍缺乏科学理论指导和实践经验总结。在企业识别系统理论框架的指导下，总结并分析上海市中职学校校园文化建设的典型模式：以“物”“域”“史”等为主线。最后明确了将CIS理论融入中职校园文化建设的实践路径，应当基于理念识别塑造精神文化、基于行为识别规范制度与行为文化、基于视觉识别优化物质环境。

关键词：CIS理论；中职学校；校园文化

“落实立德树人根本任务”是《职业教育提质培优行动计划（2020—2023年）》的首要任务，是职业教育实现高质量发展的立足点。校园文化是一种隐性的教育资源，是职业教育落实立德树人根本任务的重要途径。打造中职学校校园文化能够涵养学生思想道德、规范其行为，彰显中职学校育人特色，促进其内涵式发展。

---

① 史文晴，女，职业技术教育学硕士，研究方向：职业院校德育研究。

但当前，中职学校校园文化建设仍缺乏科学理论的系统指导，在实践的过程中呈现出经验零星而缺少总结、东拼西凑而不成体系、模仿普教而缺乏特点等现象。基于此，本研究试图探寻中职校园文化建设的理论基础，在理论分析框架指导下总结分析当前上海市中职校园文化建设的典型模式，最终明确中职校园文化建设的有效实践途径。

一、中职学校校园文化建设的理论基础

企业识别系统理论（Corporate Identity System，CIS）以刻画企业个性，突出企业精神为出发点，通过整体形象传达、规范员工生产经营行为，使受众对企业品牌获得深刻认知，从而达成促销企业产品或服务的目的。CIS 由理念识别（MI）、行为识别 （BI）和视觉识别（VI）三要素组成，其中理念识别是指企业的价值观和经营理念，是企业的“风向标”；行为识别是在企业理念指导下所形成的规章制度、行为规范、运行机制等具体措施，是企业的“发动机”；视觉识别是指通过企业标志、宣传广告等可视化手段将企业理念和行为具体化呈现，是企业的“名牌卡”。

将企业识别系统理论引入中职学校校园文化建设，就是以理念识别、行为识别和视觉识别三要素为理论分析框架，建设中职学校校园精神文化、制度与行为文化及物质文化，从而达到“以文化人”“以文立校”的目的。具体而言，中职校园文化建设的理念识别可以理解为学校的精神，是学校办学历史传统和被广大师生所认同的文化观念及价值取向，具体表现为学校的办学理念、“一训三风”（校训、校风、教风、学风）、育人目标等。中职学校校园文化建设的行为识别可以理解为学校的制度与行为要求，是落实学校精神的具体措施，表现为学校的各项规章制度、系列育人活动等。中职学校校园文化建设的视觉识别可以理解为学校的物质环境，是学校的外在标识，主要表现为校徽、校标、建筑与道路规划、设施设备、装修装饰等各项硬件设施。

二、中职学校校园文化建设的典型模式

上海市中职学校在校园文化建设的过程中注重学校内涵挖掘与校园文化品牌培育，经过长期的实践检验，已积累了较多的有益经验。根据 CIS 理论，上海市中职学校校园文化建设形成了以“物”“域”“史”等为主线的建设模式。

（一）以“物”为线

以“物”为线的建设模式是指中职学校以具有美好象征寓意的物体为主线进行校园文化建设，是一种托物言志的表现手法。例如，上海商业会计学校是一所以培养财经人才为主的职业学校。廉洁自律是财经行业从业人员所必须具备的职业素养，也是学校在长期的办学实践中所达成的价值追求，故借由“荷花”清廉高洁的形象与品质打造出独具特色的“清荷”文化。该校在精神文化建设上，以“清荷”为主线，形成“敬业、拼搏、创新、合作”的学校精神，培养学生如荷花般“出淤泥而不染”的清廉品格。在制度与行为文化建设上，该校构建了学生成长阶段与清荷生长阶段相呼应的阶梯式主题育人活动体系。中职一年级以“清荷学子规”为主题，对应“小荷露尖，荷茎蓄势”，对学生进行行为规范教育；二年级以“清荷雅韵秀”为主题，对应“清荷叶秀，立叶舒展”，对学生开展艺术素养和人文素养教育；三年级以“清荷素养营”为主题，对应“芙蓉出水，接天莲叶”，对学生开展职业素养教育。在物质文化建设上，该校以荷花取形设计校标，校园内荷花元素随处可见，如荷花池、清荷廉洁文化墙、荷塘环道等。

（二）以“域”为线

以“域”为线的建设模式是指中职学校以地域文化或区域经济特点为主线进行校园文化建设，将学校的价值追求与地域特点紧密结合。例如，上海市信息管理学校位处上海市徐汇区，是海派文化的发源地，是古典与雅致的结合。该校从徐汇区中取“汇”一字，并借由“兰”这一典雅的形象，融合形成了“汇兰”文化，既表明学校所处的区域位置，也融合了区域文化特点。该校在精神文化建设上，

以“汇兰”为线，将“汇雅聚智，和心育才”确定为办学理念，形成“和善创新、乐业奉献”的学校精神，旨在汇集兰花雅韵，集全校师生智慧，共创和谐校园、共育天下英才。在制度与行为文化建设上，该校构建了“两线并行”的主题文化育人体系，打造了形式多样的校园文化评优活动，惠及了学校全体师生员工。围绕“汇兰”搭建学校评优体系，开展如“汇兰德沁”最美信管人、“汇生兰雅”最美少年等评选活动。围绕“和乐”串联系列活动，开展如“和启乐育”班主任节、“和术乐业”专业文化节等。在物质文化建设上，以兰花取形，设定蕙兰为“校花”，春兰、建兰、墨兰分别为旅游航空专业群、信息技术专业群、文化教育专业群三大专业群“群花”，打造学校标识、文化标识和专业群标识等系列标识。

（三）以“史”为线

以“史”为线的建设模式是指中职学校以校史为主线进行校园文化建设，通过充分挖掘学校办学历史来继承与发展先人理念。例如，中华职业学校是中国职业教育先驱黄炎培先生于1918年创办的近代中国第一所用“职业学校”命名的学校。对于这样一所沪上百年名校来说，其与生俱来的历史底蕴，形成了其独特而宝贵的文化资源。该校在精神文化建设上，秉承黄炎培先生“使无业者有业，使有业者乐业”的办学宗旨和“敬业乐群”的校训，继承与创新黄炎培职教思想，形成“金的人格、铁的纪律、强的技能、美的形象”的育人理念，旨在培养“爱我中华”“双手万能”的高素质技能人才。在制度与行为文化建设上，该校以育人理念为指导，以规章制度为标准，编写了《修身》《校园礼仪》等校本教材以规范学生行为。构建以第一课堂为主渠道，以校内外活动为载体的文化育人体系。培养“金的人格”，开展核心素养教育、校史教育等；遵守“铁的纪律”，开展法制教育、仪式教育等；练就“强的技能”，开展专业教育、劳动教育等；塑造“美的形象”，开展美育等。在物质文化建设上，该校以黄炎培职教思想“双手万能，手脑并用”为灵感来源设计校徽；在空间规划上，走廊与楼梯间悬挂着黄炎培先生的名言警句，并将教学活动场所命名为“乐群楼”“敬业楼”“炎培广场”等。

三、基于 CIS 理论的中职学校校园文化建设的实践路径

将 CIS 理论融入中职校园文化建设的实践路径，首先，应当基于理念识别塑造精神文化，明晰学校文化建设主线，选取相对应的建设模式；其次，基于行为识别规范制度文化、构建行为文化，搭建运行机制和保障机制；最后，基于视觉识别优化物质环境，打响品牌文化标识。

（一）基于理念识别的中职校园精神文化塑造

1. 立足职教特点，服务区域发展

理念识别（MI）是 CIS 的灵魂，精神文化是校园文化建设的核心和导向。职业教育作为一种类型教育，与普通教育相比承担着不同的人才培养任务，具有不同的育人特点。职业教育落实立德树人的根本任务，就是要坚持“德技并修”，培养高素质技术技能型人才。当前部分上海市中职学校在校园精神文化建设过程中，以培养学生的核心素养为主，缺少对学生职业素养的强调，使得中职学校一训三风与普通中小学无异。中职学校精神文化塑造应当凸显职业教育的类型特点，对标高素质技术技能人才的培养目标。

服务区域经济发展是职业教育一大办学特点，也是其最基本职能。中职学校专业结构与人才培养与区域产业结构和人才需求是相对接的，不同区域的产业结构在发展与调整的过程中形成了其特有的文化底蕴，区域内中职学校在长期的办学过程中也会吸纳地域性文化。比如，上海市徐汇区是海派文化的发源地，也是重要的科技策源地和产业高地。区内上海市信息管理学校结合区域特点打造出“汇兰”文化。由此可见，中职学校校园精神文化在凝练的过程中可以发挥职业教育服务区域发展的特点，因地制宜融入地域性文化元素，继承与发扬区域文化。

2. 厘清校史脉络，发展学校个性

中职校园文化建设强调“一校一品”，彰显中职校个性特点，促进其内涵式发展。在建设过程中，要充分挖掘学校自身已有的文化资源，明晰学校发展主线。

一是从学校办学历史入手。学校从最初创建到调整与合并再到如今稳步发展，一代又一代校园人在改革与推进学校发展过程中一定发生了许多转折性事件，积累了许多宝贵经验。在精神文化建设过程中，要注意总结先人教育理念，发扬学校优良文化传统。二是从学校当下办学需求入手。在精神文化建设过程中，学校应当根据当下育人目标、专业结构、价值取向等进行深入剖析，总结凝练出与当前办学需求最为契合的学校精神。三是从学校未来发展愿景入手。一切事物总是在不断发展和变化之中，学校的未来发展愿景是学校改革发展的指导思想，是激励全体师生为之共同努力的风向标，也是学校不断前进的动力。

（二）基于行为识别的中职校园制度与行为文化规范

1. 完善制度建设，规范师生行为

行为识别（BI）是 CIS 的具体化措施，因而校园制度文化应是校园文化的行动指南和保障机制，它包含学校的传统、仪式和规章制度。校园文化的建设成效会直接反映在师生的言行举止上，因此，中职学校在校园文化建设的过程中，应当完善制度建设，从而规范学校师生的行为。校园制度文化是学校精神的具体体现，是学校精神达成的操作指南。因此，完善制度建设应当围绕学校的办学理念、一训三风、育人目标等，思考如何结合校情编写准则、规章等以达成上述目标。对于中职学校而言，制度文化的建设包括教师行为礼仪规范、用人管理办法、学生行为礼仪规范、实习实训制度、校企合作制度等。

2. 搭建系列活动，促进知行合一

制度文化建设促使学校师生形成精神文化认知，而行为文化建设则为师生精神文化的认同与内化提供实践的平台。行为文化建设最为有效的方式是搭建活动平台，开展形式多样、富有意义的教育活动，促使师生对学校精神的知行合一。中职学校可以围绕学校的核心精神，搭建系列活动。具体而言，以“物”为线的中职校，可以根据物体的属性、生长特点等，规划不同阶段、不同类型的育人活动；以“域”为线的中职校，可以根据地域特点和学校自身特点，规划不同序列、

不同辐射范围的活动；以“史”为线的中职校，可以继承与发展先人的教育理念或名言，规划不同类型的活动。

（三）基于视觉识别的中职校园物质文化提升

1. 创设文化标识，强化文化认同

视觉识别（VI）是CIS的外显符号，通过创设校园文化标识，有助于形成强烈的视觉冲击，强化全体师生的文化认同。校园文化标识主要指校徽、校标等，其创设要紧扣学校精神内涵。具体而言，以“物”为线或以“域”为线的中职校，可以选取物体的外形或特性进行设计，如上海市商业会计学校和上海市信息管理学校以“荷花”“兰花”取形；以“史”为线的中职校，可以选取名言警句，对抽象的词句进行具体化设计，如中华职业学校的校徽取自黄炎培先生的“双手万能”。校园文化标识可以广泛运用于校旗、校服、宣传栏、指示牌、校园官网官微等，还可以设计带有学校文化标识的文创产品，如学习用品、办公用品等。

2. 规划物质环境，注重潜移默化

物质环境是一种隐性资源，对学校师生的文化认同发挥着潜移默化的作用。物质环境的规划包括对自然景观和人文景观的规划。在自然景观规划上，以“物”为线的中职学校可以种植一些校花、校草、校树等。比如，上海市商业会计学校围绕“清荷”文化规划了荷花池。在人文景观规划上，可以设计专门的校园文化宣传栏；还可以结合学校一训三风、办学理念的核心词，为建筑楼宇、景观雕塑、校道等命名。例如，中华职业学校将校训中的核心词“敬业乐群”进行拆分，将教学楼命名为“敬业楼”“乐群楼”等。

参考文献

[1] 刘仁有．职业教育立德树人的“守正”与“创新”[N]．中国教育报，2021-01-26(4)．

[2] 徐阳，刘瑛．CIS品牌识别设计[M]．上海：上海人民美术出版社，2018：2.

[3] 井文．中等职业学校校园文化建设研究［D］．上海：华东师范大学，2020.

[4] 马长林．黄炎培与中华职业学校的兴衰［J］．世纪，2014(6)：46-50.

[5] 赵军．CIS 理论指导下的高职校园文化建设［J］．教育与职业，2013(29)：35-36.

[6] 李梦卿，邢晓．“双高计划”高职院校文化创新建设研究——基于企业识别系统（CIS）理论的视角［J］．职教论坛，2021，37(1)：144-150.

五　做好超能“经师”授学问　成为典范“人师”塑品德

——浅谈高校教师师德师风的建设

吴丽萍[①]

（上海出版印刷高等专科学校，上海 200093）

摘要：习近平总书记在中国人民大学考察调研时强调，培养社会主义建设者和接班人，迫切需要我们的教师既精通专业知识、做好“经师”，又涵养德行、成为“人师”，努力做精于“传道授业解惑”的“经师”和“人师”的统一者。这是对高校教师提出了更高的要求。教师是教学活动的组织者，师德师风是教育之魂，在复杂多变的当代社会，面对个性鲜明的大学生群体，高校教师如何不做简单的“教书匠”和传授知识的“工具人”，成长为精于“传道授业解惑”的“经师”“人师”综合体，其实就是教师个人的师德师风建设问题：强化业务技能，做好超能“经师”，内化道德规范，成为典范“人师”，从而实现教师毕生的职业追求。

关键词：师德师风；经师；人师

习近平总书记说，新时代中国青年要担当时代责任，只要青年都勇挑重担、

① 吴丽萍，女，工学学士，研究方向：数字媒体、虚拟现实等新媒体技术。

勇克难关、勇斗风险，中国特色社会主义就能充满活力、充满后劲、充满希望。习近平总书记指出，教育兴则国家兴，教育强则国家强。新时代中国青年的培养主体在高校，在于高校教师。习近平总书记强调，培养社会主义建设者和接班人，迫切需要我们的教师既精通专业知识、做好“经师”，又涵养德行、成为“人师”，努力做精于“传道授业解惑”的“经师”和“人师”的统一者。习近平总书记的讲话对高等教育寄予厚望，同时对高校教师提出了更高的要求，有高质量的教师，才会有高质量的教学，才能带领青年进一步展望祖国的未来。

如何营造课堂上的欢声笑语，打造“金课”，又如何引领课堂后的穷思极想，思考人生，这是教师落实立德树人的根本任务，也是人才培养工作的目标。教师是落实培养人才任务的主体，建设高素质的教师队伍是实现这一任务和目标的根本，而师德师风是评价高素质教师队伍的第一标准，是教育之魂。师德师风建设就是培养教师的素质，培养教师具有过硬的业务能力、优秀的职业道德、优良的行为作风，培养教师达到“经师”与“人师”合一的最终境界。

一、优师能、强业务，做好超能“经师”

教师在教学活动中享有较高的威信，让学生推崇备至，不是来自他手中的“分数”这个权杖，而是教师自身的业务能力与人格魅力。教师自身的业务能力，即“师能”强弱，决定了教师是否能完成“传播知识、传播思想、传播真理”的过程且如何行之有效地完成这个过程。时代变化，对现在的教师，特别是高校教师，提出了更多的能力要求。

（1）把握知识专业性，不传授伪科学

当前时代，已经不能用“信息爆炸”这样简单的词汇来概括了。科学飞速发展使得学科出现了高度分化又相互渗透的现象，要适应世界科学技术发展和人类社会的发展变化，要面对大学生这个“小大人”群体，超强的业务能力，成为无所不知的“超能”老师，应该是当前多元化时代高校教师的标准配置。如何在盘根错节的学科体系中，把握任教科目的根本，又能融会贯通掌握跨学科知识，如何将学生已知的讲透，未知的讲到，一知半解的引领到位，教师本身所知道的知识必须大大超过要教给学生的范围，不仅要有胜任教学的专业知识，还要有广博的通用知识和宽阔的胸怀视野。这就要求高校教师学而不厌，不断进步，更新知识结构，以教材为根基，博览群书，了解学科前沿，辩证统一，把握知识专业性，去伪存真，才有可能把基本理论讲准确、讲全面，才有可能营造欢声笑语的课堂，才有可能打造没有伪科学的“金课”。

（2）把握知识前瞻性，更新教学理念

知识的学习，还需要教师建立终身学习的理念，不仅需要提高自己的知识技能，而且还要不断更新自己的教育教学理念，与时俱进，精益求精。科技的进步，带动着教育形式的变化。从黑板、粉笔到投影仪再到 PPT，从传统的在线课程到 VR、AR 实验室，科技不断提高教育效率，促进教育公平。人工智能、元宇宙中的虚拟现实交互等从技术上革新着教育理念，学生的学习不再仅围绕着三尺讲台，也不再仅依靠互联网徜徉，可以通过人工智能互动学习，也可以通过虚拟现实技术穿越到虚拟教学空间中，身临其境接触虚拟现实世界。在数字化和智能化时代，“元宇宙教育”这类新的教育理念出现既是当下教师教学理念的挑战，也是教师盘活课程形式的机遇，这些概念性的教学理念，需要教师把握知识的前瞻性，避免盲目跟风，不断明晰新教学理念中的价值导向、实际应用取向和质量提升方向，更需要教师们更学术的、专业的、建设的研究和实践，从中寻找出合适的教学理念和教学手段，改善教学方法，才能最大程度地调动学生的积极性、提高学习的体验，让学习变得更加自觉和高效，也能有效规避学生在接触新生事物过程中出现的问题。

（3）把握教学系统性，完善教学组织与反馈

社会进步和教育民主化发展以及教学理念变化无一不说明，未来的教学活动中，课堂教学更多的是以学生为中心，教师不再是一言堂的状态，而是根据学生的特点和需要，在满足国家和学校的教育教学目标的条件下，更加侧重课程设计，将知识体系有效地解构，组织设计切实可行的课堂教学，引领学生思考、实践、

获取真理。同时，大学生这个群体，心智能力已经逐步走向成熟，有热情，有强烈的个人风格，单纯的知识灌输已经不能满足他们的需求，教师应该跟踪课堂的教学过程，更多地观察学生的学习表现，敏锐地发现学生学习的困难点并引领学生找到行之有效的解决办法，获得教学反馈，从而更新课程设计，为进一步优化教学质量奠定基础。

（4）把握教学根本性，科研内化到教学中

大学教育与义务教育最大的区别就是教学与科研之间存在协同、促进的关系。大学教师大多都是才华横溢的高知分子，学术能力与教学能力在教师身份统一和大学功能发挥上实现某种契合与汇通，围绕教学活动展开科研活动，将有助于提升教学活动的层次。教师要善于用学术的眼光观察社会典型案例，利用科研的探究性，应用到教学活动中，引导学生从理论与实践上研究社会现象，在学习中摸索，探索未知、发现新知，掌握规律；使得学习贴近现实，夯实理论基础，加大学习深广度，培养学生科学思维能力，拓展教学范围，为进一步提升教学质量提供保障。

（5）着力社会，预判教学发展方向

未来的教育正在向更科技、更智能的方向发展，教师对待自己的学科，要根据社会的变化以及对社会发展前景的预测，预判教学的发展方向，及时更新教学内容、教学方法、教学手段以及教学评价，及时告知学生正在发生的和将要发生的各项变化，使得学生在感性认知、理性认知上早日跟随变化而调整，让学生在价值观、个性品质、技术能力等方面发展符合将来他们走入社会后的要求，有教学的前瞻性，为再一次提升教学质量保驾护航。

二、立师德、正师风，成为典范“人师”

与“经师”相比，“人师”是教师应该努力达到的良好境界，“人师”内在包含了“经师”，是以“经师”为基础和前提的，因此，“人师”应该是“经师”的升华，是授业解惑深层次追求：“塑造灵魂、塑造生命、塑造新人。”教师所从事的职业就是教育人、塑造人的事业，教师道德就是教师的灵魂，是比教师文化素质更为重要的一种素质，教师的行为作风就是教师从教的道德作风、师德的行为表现。师德师风是涵养德行，是教师人格特征的外在表现，更是“人师”的必要条件。

大学阶段，是人的一生道德观念、行为习惯形成的最为关键时期，大学教师是大学生形成正确的人生观、世界观的关键影响因素，这些人才毕业后将分布在全国各条战线上，对整个国家的文明建设起到至关重要的推动作用。因此，大学教师的师德师风状况，是不是合格的“人师”，可以说是具有重要的现实意义和深远的历史意义的。新时代的高校教师要从传统的传道、授业、解惑的为“师”的概念中跳出，在扮演好“终身学习的践行者”“授人以识的传导者”“率人以先的创新者”的角色之余，更应该扮演好以下几种重要角色：坚定信念的革命者、言传身教的育人者、永葆初心的传承者、“文化自觉”的传播者、纳人以虚的亲和者。

（1）政治素质必须过硬，扮演好坚定信念的革命者角色

教师心中要有国家和民族，要明确意识到肩负的国家使命和社会责任。三尺讲台虽小，却可承载伟大祖国的复兴大业，一人一言虽轻，却能传递中华民族的伟大梦想，要用好三尺讲台，用好校园阵地，用自己坚定的理想信念和实际行动倡导社会主义核心价值观，塑造中华民族的国家之魂、民族之魂，用自己的学识、阅历、经验点燃学生对真善美的向往，引领学生进入真善美的价值高地。

（2）道德修养必须高尚，扮演好言传身教的育人者角色

世界正在发生广泛而深刻的变化，社会发展对人才的多维功能需求，既是社会发展对高校提出的要求，也是高校在不断适应社会发展过程中对自身功能的调整和充实。高校教师是社会发展的主导力量之一，要明确自己的教育初心，肩负着为祖国、为人民培养有道德、有情操、有知识、有技能，关爱关怀他人的人的重任。学高为师，身正为范；欲教学生，先正自身；“桃李不言，下自成蹊”，用自己的行为感召和影响学生。塑造良好的道德修养和高尚情操，进一步在国

家、社会及公众当中起到道德标杆、社会导师、知识引领、行为示范和意见领袖的作用。

（3）教学初心必须纯净，扮演好永葆初心的传承者角色

选择教师职业，是人所向往的。既然选择了这个职业，就要对教育事业尽心尽力，全身心投入，无怨无悔，不计名利，积极进取，努力创新，尽心尽责地完成每一项教学任务，以教书育人为根本，不求最好，但求更好，用自己的工作热忱展现自身的人格魅力。在当前的大学教学体系中，一些教师迷失在经济浪潮中，以金钱来衡量这份职业，只重科研效益，教学敷衍了事，这显然背离了教书育人的初衷，偏离了一个教师的正常航道。其实，学生才是教育的服务对象，学生满意的老师，才是真正的好老师。教师潜心科研能用于教学上，本就是佳话，以教学为根基的科研才能做得越来越红火，以科研为指引的教学也将更加丰富多彩。桃李满天下，薪火相传，对于教师，这才是为师者的根本幸福。

（4）感悟中华文化，扮演好“文化自觉”的传播者角色

大学生处于多元文化的社会，随着互联网的发展，社会的变迁，面临着多而杂的文化冲击，盲目选择西方外来文化，甚至摒弃本土优秀文化，文化自信缺失便是其必然结果。文化自信是一个民族、一个国家以及一个政党对自身文化价值的充分肯定和积极践行，并对其文化的生命力持有的坚定信心。面对当今大学生普遍缺乏必要的文化素养，如何耕耘他们荒芜的精神世界，是高校教师亟待解决的问题。文化自觉是文化自信的前提，如果没有对自己文化的充分了解，没有自知之明，也不可能实现自信。高校教师更应该增进自我文化自觉，感悟中华文化的博大精深，再把中华文化的种子深深根植到大学生的思想中，让学生去接受、去实践、去体悟，继承中华优秀传统文化，学古不泥古，坚定文化自信，坚定民族自信！

（5）尊重关爱学生，扮演好纳人以虚的亲和者角色

人才培养是大学的责任，更是高校教师的责任。高校教师应该保留仁爱之心，激发奋斗之心，在培养新时代青年学生的过程中，善于管、敢于管、真能管，认

认真真践行自己的使命和责任，踏踏实实培养新时代青年。每一位学生都渴望得到老师的理解和尊重，尤其是心智处于健全边缘的大学生，他们更希望与老师平等对话，不是从属关系似的听命于老师。只有在平等尊重的条件下，面对众多个性鲜明的孩子组成的团体，教师才能处于游刃有余的工作环境，教会学生相处之道，做好“孩子王”。另外，由于学生个体存在很大差异，生活环境也是千姿百态，每一个人都有自己的个性和特点，教师必须找到学生的长处，发现短处，健全人格，公平公正地进行评估和帮助，和他们真心实意地成为朋友，减少代沟产生的差异，做一个真正的倾听者，高兴他们的快乐，陪伴他们的失意，骄傲他们的成功，安慰他们的失败，融入其中，同频共振，成为他们人生中不可替代的“灯塔”“拐杖”“绳梯”，感受自己人生中为人师“青春”“热力”“别样”的幸福。

良好的师德师风形成、成为超能的“经师”、从“经师”蜕变为“人师”绝非一朝一夕成就的事情，高校教师一定要努力培养和践行坚韧不拔、卓然不群、刚强果敢的精神，追求真理、传承文明、批判时弊，提高自律意识，纠正自身的不良习惯，树立良好的师德师风，做精于传道授业解惑“经师”与人生道德楷模“人师”的统一者，为中华民族伟大复兴，实现中国梦而担负起高校教师应尽的责任与使命。

参考文献

[1] 朱信凯．做新时代“经师”“人师”的统一者［N］．中国教育报，2022-04-29.

[2] 姜晓勇．元宇宙技术对传统教育最大的挑战是教师的成长［J］．中国教师，2022(6).

[3] 曹国永．新时代加强高校师德师风建设的四个着力点［N］．光明日报，2018-09-27.

六　电子竞技运动与管理专业课程思政体系建设的对策研究

王子豪

（上海出版印刷高等专科学校，上海 200093）

摘要：随着电子竞技运动与管理这样一个新兴专业在各高校中的快速萌生与发展，专业课程融入思政逐步成为在教学设计过程中必不可少的文化现象。本文指出了电子竞技运动与管理专业课程融入思政的必要性，对电子竞技运动与管理专业内容职业化发展产生积极作用，对电子竞技运动与管理专业学生树立正确价值观具有积极影响。从提高教师团队的职业技能与素养、加强案例宣传普及、完善电子竞技运动与管理专业“实景化”教学体系等方面，提出了电竞专业课程思政的对策。

关键词：电子竞技；课程思政；德育教育；立德树人

近年来线上数字媒体产业蓬勃发展，其中电子竞技相关产业受益颇多，产生了庞大的产业链和行业人才缺口。在国家相关政策和教育部经费的扶持下，电子竞技运动与管理专业近年来在各高校中高速发展。但电竞至今是一个颇受争议的话题，如何正确认识电子竞技，充分宣传电竞文化、弘扬社会主义核心价值观成了在教育过程中必不可少的议题。专业课程讲授专业知识的同时构建思政体系是极为重要的一步，如何做到“润物细无声”，在德育教育工作的思考探究过程中具有重要的现实意义。

一、电子竞技与电竞专业概述

（一）电竞的基本概念与现状

电竞是电子竞技运动的简称。电子竞技运动是以电子竞技游戏为基础，以信息技术为核心，以软硬件设备为辅，通过信息技术创造出虚拟环境，在统一的竞赛规则的保护下进行的人与人之间对抗的运动。国家体育总局早在2003年就批准电子竞技成为第99个在我国正式开展的体育项目，2008年，国家体育总局将电子竞技改批为第78个正式体育竞赛项目，同时，随着《英雄联盟》《DOTA2》《CS：GO》等游戏的风靡，我国电竞玩家越来越多，在这一阶段甚至出现了一批正规的、实力强劲的电子竞技战队。2016年之后，随着PC、移动设备技术的发展，我国电子竞技进入爆发阶段，国家开始鼓励电子竞技项目的发展，在部分高等教育学校出现了电竞专业，致使我国电子竞技、职业竞技出现爆发式增长。

2020年在全球电子竞技产业收入中，形成了中、美、韩三足鼎立的新格局，中国市场占比35%。2021年，电子竞技被写入《“十四五”文化产业发展规划》，提到促进电子竞技与游戏游艺行业融合发展，鼓励开发沉浸式娱乐体验产品。诸如“S11赛事”相关话题刷屏等电竞圈现象级事件不断发生。电子竞技虽发源于网络游戏，但其发展却超越了游戏本身，已经发展成为集科技、娱乐、竞技、社交于一体的数字娱乐文化体育产业，拥有独特的文化属性，同年，中国电子竞技游戏用户规模达到4.89亿人，同比增长0.27%。

（二）电竞专业的发展

教育部职业教育与成人教育司在2016年9月公布的13个2016年度的增补专业，就包括“电子竞技运动与管理”这个专业，并从2017年起开始执行。电竞专业即电子竞技运动与管理专业及艺术与科技专业等相关专业方向的统称。

2017年，南京传媒学院（原中国传媒大学南广学院）成立全国首家本科电竞学院，开设艺术与技术（电竞游戏策划与设计）和播音与主持艺术（电竞解说与主播）。它是世界上第一所专业从事电子竞技品牌设计、电子竞技解说、比赛运营、团队管理的本科高等教育学院。随着电竞产业的发展，行业变得越来越细分，电竞技术分析、赛事活动组织、电竞解说、节目策划等，都是相对较新的职位，需要有一定的专业知识储备。虽然行业实践能逐步培养人才，但是做好储备人才的通识教育、专业理论等方面的铺垫，对产业的发展会有积极推动作用，促使更多高校加入对电竞专业针对性的培养中。

如今电子竞技已经被写入我国的“十四五”规划，未来我国势必会出台更多的政策规范我国电子竞技行业的发展。因此，未来我国电子竞技行业会朝着规范化趋势发展。

（三）电竞专业的特点

电竞专业课程主要用于培养了解电子竞技产业的基本原理与理论框架，提高实践能力，使学生未来能够胜任数字艺术传媒产业相关企业或部门的赛事组织与管理等工作的高技能技术人员。与其他专业的培养过程相比，电竞专业常采用“学、训、赛”一体的教学模式，需要基于“实景化”教学将专业理论知识与电子竞技运动赛事模拟实践有机结合，让学生置身于真实的职业环境中，实现教学内容、教学过程与多类型岗位工作任务和工作过程紧密结合。为电子竞技播音与主持、电子竞技节目制作、电子竞技赛事运营、电子竞技新媒体内容制作等工作岗位打下基础。但由于电竞运动概念的界定和认知存在不足，有一部分学生对电子竞技运动的内涵缺乏正确认识，将其等同于一个玩电子竞技游戏的专业，并沉溺其中，这将会对他们的思想道德素质、个体社会化、心理健康等方面产生消极的影响。因此在电竞专业相关课程中，教师的优良作风和良好的教学设计起到了十分重要的作用。

二、电竞专业融入课程思政的必要性

（一）课程思政能积极推动电竞专业在职业化道路上的发展

职业化思想在电竞思政教学体系中具有重要作用，电子竞技运动与管理专业是近年来随着电竞产业的发展产生的新专业，教师对于专业的性质、行业涉及的内容以及职业所需的能力都要在教学的过程中进行探索。虽然很多学校将其归类于数字媒体专业大类，相比其他数媒专业，电竞具有它的特殊性。从广义的电竞行业来讲，目前主要集中在上游的研发、开发、运营，以及下游的服务领域。

而电竞相关专业的培养，每一个学校培养的电竞人才的方向、细分领域都不太一样，所以制定具有针对性的人才培养方案极为重要，教师可以通过建立多层次的人才培养体系加以弥补充实。同时，与行业协会积极开展人才培训，探索行业的职业资格认定途径，构建权威专业的人才服务平台，增强学生的归属感和认同感。

最终，将专业教学要求与1+X职业技能等级标准科学衔接与有机融合，对课程进行改革重组，推进课程职业化体系整体优化。从意识形态上来看，还可以从传统体育教育专业“取经”，并进行诸多改革，将电竞专业逐步推向成熟化、大众化。

（二）课程思政能积极推动电竞专业学生树立正确价值观

2019年，人力资源和社会保障部公布了15个新职业，其中就包括与电竞行业相关的“电子竞技运营师”和“电子竞技员”。电竞专业的多元化使学生的大学生活充实而又丰富，巨大行业缺口给他们无限的可能与遐想，但是持续过度沉迷想象未来一帆风顺的职业道路，也会给他们带来一些价值观的丢失。电竞专业独有的“学、训、赛”一体的“实景化”教学模式，使学生进入真实的职业环境中进行虚拟体验，对大学生的职业发展规划和人生角色体验都有着影响。所以，通过良好的教学设计，构建课程思政体系是推动学生树立正确价值观必不可少的过程。

建设电竞专业课程思政体系能够引导学生正确认识电子竞技，网络游戏不能等同于电子竞技，如今它被公认是一种体育运动，它包括严格的赛事体系、俱乐部组织架构以及赛事的相应规则和制度。同时，与传统体育运动一样，具有积极向上的体育精神，通过网络及软硬件设备，在公平条件下进行对抗性的电子竞技运动。学生通过电竞专业课程的学习，今后从事电竞相关职业，能正向推进电竞行业的大众化、专业化、产业化。

三、电竞专业课程思政的实施路径

（一）通过企业培训提高教师团队的职业技能与素养

为人师表，立德树人是电竞专业课程思政实施过程中的第一步。由于电竞专业教师经过了数媒、传媒或艺术类的专业转型，对于电子竞技运动与管理专业本身的了解还较浅，作为课程思政的实施者，通过企业培训提高自己的职业技能与素养是必不可少的过程。开展教师定期赴企业进行电子竞技行业相关考证与培训工作，或定期邀请行业专家来校为师生开展讲座，持续推动电竞专业教育的高质量发展。总之，能和行业接轨的电竞教师队伍才是真正能够推动高校电竞专业教育的一股巨浪，与时俱进了解电子竞技专业与产业所需的职业技能与素养，才能制定出正确的人才培养方向，做出相应的教学设计，培养出行业所需的真正人才。

（二）加强电竞案例宣传普及，树立正确的电竞职业观

在电竞赛事或行业发展的历程中，有许多案例都可以体现电竞精神和职业道德，尤其是站在最高舞台上，夺过很多冠军的榜样队伍。通过学生们所热爱的电竞赛事或电竞选手进行举例，更容易潜移默化地使他们接受课程中的思政内容，从而帮助他们树立正确的电竞职业观。比如通过雅加达亚运会，中国选手身披国旗站在最高领奖台的案例，体现出电竞精神是传统体育精神的延伸，是一种公平竞技下的精神。它包括友谊第一，比赛第二，团结合作，公平竞争，更重要的精神是永不言弃，一群人为了一个目标去努力拼搏的积极乐观的正向精神，包括对

选手、裁判、解说、观众的尊重。和任何一种传统体育的精神都是相通的，要有勇于拼搏的精神，而这些也是今后从事电竞职业所必不可少的。

（三）建设电竞实训基地，完善“实景化”教学体系

对于电竞专业而言，“赛训”结合的教学模式才是培养电竞人才的关键，“实景化”教学体系建设也是电竞课程思政建设重要的一部分，帮助学生置身于真实的职业环境，为今后工作打下基础。建设设备齐全的电竞场馆，持续提高场馆的利用率，通过组织学生担任电竞场馆各职能单位，有效开展各类高校电竞赛事，将课堂中所学的专业理论知识充分转化为电子竞技运动赛事实践能力。

四、结论与建议

电子竞技运动与管理专业是顺应时代与行业而不断发展的专业，在专业课程建设、人才培养方案建设和实训基地建设等方面还有很多需要且值得探究的地方。但在整个探究过程中，课程思政体系建设是首要任务。教师和学生双方正确价值观的体现，既是增进专业课程思政教育有效性的手段，也是促进学生全面发展的现实途径。教师通过自己在专业上的职业技能与素养，帮助学生树立正确的电竞职业观，同时借助“实景化”教学模式塑造起优秀的、知行合一的职业品格与思想品德，从而逐渐完善电子竞技运动与管理专业的课程思政体系，为电子竞技运动所需的各行各业输送高质量人才，帮助电子竞技产业健康持续发展。

参考文献

[1] 2020年度电竞市场报告：全球电竞市场营收破11亿美元［EB/OL］. 新浪网，http: //vr. sina. com. cn/news/report/2020-03-17/doc-iimxyqwa0980029. shtml.

[2] 预见2021：2021年中国电子竞技产业全景图谱［EB/OL］. 新浪微博，https: //weibo. com/ttarticle/p/show?id=2309404658468111123025.

[3] 陈劲．高校电竞专业教育现状反思与展望［J］. 科技风，2019(7)：41+51.

[4] 何岸伦．“电竞热”对大学生价值观的影响及其应对［J］．思想理论教育，2022(3)：102-107.

[5] 罗牧晨，吴玲．学训赛结合的电子竞技专业人才培养对策研究［J］．山东农业工程学院学报，2018，35(3)：189-192.

七　中职历史教学中“立德树人”教育理念的融合与渗透

丁磊[①]

（中华职业学校，上海 200023）

摘要：中共第十八次全国代表大会明确提出了社会主义教育的根本任务是立德树人，习近平总书记在 2021 年全国职业教育大会上对职业教育工作作出重要指示，要坚持立德树人，培养更多高素质技术技能人才、能工巧匠、大国工匠，加快构建现代职业教育体系。中职历史学科的开设承担着落实立德树人教育理念的需要，应充分发挥其育人价值，推进中职学生的职业道德培养，深化中等职业学校教育改革。

关键词：中等职业教育；历史教学；立德树人

2020 年，教育部正式发布中职历史课标，全国各大中职校根据要求逐渐设立历史课程。而历史作为一门具有育人价值的学科，在开展教学工作中，教师要进一步明确教学目标，基于学科本质凝练具有学科特色的核心素养，做好德育渗透工作，学生在学习历史的过程中，除了对历史史实的掌握，更应形成正确价值观念、必备品格和关键能力，从而全面落实立德树人的根本任务。

---

① 丁磊，女，教育学硕士，研究方向：中国教育史、中职历史教学。

一、“立德树人”背景下中职历史学科的开设

设置历史课程的目的，除了了解历史史实，知晓社会兴替，建立探求历史真相的能力，更多的是以史为鉴，在历代历史得失中获取经验教训，为现实问题找到解决依据。但不可忽略的是，历史教育有其独特的教化作用，即通过具体史实的演述和褒贬，彰显伦理是非，树为典型，供人取则。

在中等职业学校中，历史课程从无到有，从专业附加到必修必学，与教育上“立德树人”根本要求的提出息息相关。2012 年 11 月，中共第十八次全国代表大会报告中明确提出“把立德树人作为教育的根本任务”。2013 年 11 月，十八届三中全会再次强调各级各类教育必须坚持立德树人。2017 年 10 月，中共第十九次全国代表大会强调“要全面贯彻党的教育方针，落实立德树人根本任务，培养德智体美劳全面发展的社会主义建设者和接班人”。对于中职学生来说，德智体美劳全面发展就意味着不仅要有过硬的专业能力，也要有良好的文化素质水平。因此，像思政、语文、历史课程这类有着典型育人价值的人文学科，在中等职业学校中开设历史公共基础课势在必行。2019 年，教育部发布的《中等职业学校公共基础课程方案》将历史课程纳入中等职业学校公共基础课的范围中，明确了中职历史课的地位。2020 年 2 月，《中等职业学校历史课程标准（2020 年版）》正式颁布。这是新中国成立以来，中等职业教育史上第一个历史课程标准。新颁布的中职历史课程标准中指出：“中等职业学校历史课程的目标是落实立德树人的根本任务，使学生通过历史课程的学习，掌握必备的历史知识，形成历史学科核心素养。”

因此，开设中职历史课的出发点始终围绕着落实立德树人的根本任务来进行。一个人职业生涯的发展除了要有过硬的专业技能，更离不开自身深厚的文化素养与优良的思想品格。在中职开设历史课程，对夯实中职学生文化基础、树立正确三观、提升人文修养和职业素养、增强历史使命感和社会责任感、健全学生人格、养成职业精神等方面发挥着重要作用。总之，历史课程对促进中职校落实立德树人的根本任务具有无可替代的作用。

二、中职历史教学中融合立德树人理念的重要性

立德树人根本任务的落实，需要立于中职历史教育教学当中。教师要通过展现立德树人教育的重要性，来进一步促进其与中职历史教学的有效融合。

（一）有利于提高学生综合素养，提升学生职业道德

在中职历史课堂上，如果对历史的学习仅停留在掌握基本史实、分析理解史料的阶段，那就未能实现历史学科核心素养的价值目标。教师应在教学中融入立德树人理念，使学生透过历史现象探求本质，理解国家发展的整体脉络，积极汲取革命伟人的优良品质，努力提升自我的综合素质，形成正确的世界观、国家观、民族观和文化观，增强对伟大祖国的认同，对中华民族的认同，对中华优秀传统文化、革命文化和社会主义先进文化的认同，树立对中国特色社会主义的道路自信、理论自信、制度自信和文化自信。

职业院校学生还存在职业观念淡薄、职业意志较弱的情况，这对学生今后的工作和生活都会有一定的消极影响。而形成“德育为先”的观念能在一定程度上改善此问题，教师将立德树人培养目标融入历史教学之中，帮助学生确立积极进取的人生态度，树立劳动光荣的观念，养成爱岗敬业、诚信公道、精益求精、协作创新等良好的职业精神，树立正确的世界观、人生观和价值观。

（二）有利于加强课程思政，体现历史育人价值

中职历史的课程内容反映党的育人目标的新要求，是中等职业学校历史教育落实党的立德树人根本任务的具体体现。在教学中需要深入贯彻这一教育理念。中职历史学科作为公共基础课，具有基础性、人文性等特点，在涵养学生知识能力水平，提高学生文化素养，培养学生良好思想道德，提升职业素质等方面有着关键作用。现阶段所提倡的“课程思政”实践，可以通过历史课程进行潜移默化渗透，中职历史教学中融入中华优秀传统文化、中国革命文化、社会主义核心价值观等，培养学生的工匠精神、劳模精神、劳动精神、爱国情怀、职业道德等。换言之，充分发挥历史学科的育人价值，坚持“德育为先、能力为重、全面发展”，

历史课程将为中职学生的技能提升和高素质发展构建新的桥梁，且将德育渗透于无形之中。

（三）有利于体现职教特色，实现职业教育改革

新颁布的《中华人民共和国职业教育法》规定：“职业教育是与普通教育具有同等重要地位的教育类型，是国民教育体系和人力资源开发的重要组成部分，是培养多样化人才、传承技术技能、促进就业创业的重要途径。”中等职业教育在学段上与普通高中一致，有着同等重要的地位。新中国成立以来，职业教育为国家建设提供了大量技术人才，随着社会经济政治的飞速发展，我国对职业教育提出新的要求，中等职业教育应当将受教育者的职业道德、技术技能水平、就业质量作为重要指标，培养高素质技术技能人才。换言之，职业教育的培养目标从原来的技术工人、技术干部转变为培养高素质技术技能人才。而中职历史等公共基础课程的开设，正是对国家要求培养德才兼备技术人才的回应。中职历史课程的任务即是在义务教育历史课程的基础上，进一步培养和提高学生的历史意识、文化素质与人文素养，增强历史使命感和社会责任感，进一步弘扬以爱国主义为核心的民族精神和以改革创新为核心的时代精神，培育社会主义核心价值观；培养健全的人格，养成职业精神，为中等职业学校学生未来的学习、工作和生活打下基础。从这个方面来说，中职历史课程的开设更能体现德育为先、立德树人、全面发展的教育理念，对深化职业教育改革有着重要意义。

三、中职历史教学中落实立德树人理念的路径

如何通过教育教学发挥中职历史课程的立德树人价值呢？中职历史教师在进行课堂教学时，要挖掘出历史史实与德育教学的结合点，尝试通过以下路径等去实现立德树人理念的融合和渗透，学生除了拥有专业技能，也要有优良的人文素养，做一个新时代的高标准、高素养的职业人才。

（一）立足中职课标，创设多元课堂架构

中职历史课标对于贯彻落实党的立德树人根本任务，积极培育和践行社会主义核心价值观，提高学生的人文科学素养，培养德智体美劳全面发展的社会主义建设者和接班人，具有十分重要的意义，也是规范中等职业学校历史课程和教学的基础和条件。在课标的指引下，更应关注学生未来可持续、多元化的需要，一是改变以往单一的课堂组织形式，中职历史暂未列入升学考试科目中，课程也以考查形式居多，可以针对某一历史时期、某一专题、某一个国家或历史人物，组织学生开展自主探究、小组合作等方式进行学习，在做中教、做中学，培养学生发现问题、分析问题、解决问题的能力；二是善于利用多平台、多种形式的教学方式，除了记录相对真实的史书、文物藏品、历史遗迹等，还有历史纪录片、历史电影等，丰富历史教学的形式，激发学生的兴趣。例如，在讲述中国近现代革命史时，可以用多媒体动画带领学生重走红色之路，尤其上海也是一座红色城市，在课下进行红色遗址参观，让学生真正走进那段历史，亲身感受，潜移默化地加强学生的爱国主义教育。

（二）挖掘历史内容，融合职业教育特色

中职历史课程知识内容丰富，整个中国发展的历史脉络中都包含大量德育素材，都体现出中国人民不屈不挠的奋斗精神，学生能从古今中外的历史名人身上学习到诸如劳模精神、劳动精神、工匠精神、爱国主义精神等品质内核，进而提升学生的民族自信心和自豪感，提高学生的道德素养。同时，中职历史课程在思想引领上更要关注职业教育的培养目标，全面提升学生的职业素养，为学生的未来职业发展做准备。中职历史不能重复简单初中历史知识，也不能一味参照高中展开教学，应融合职业教育特色，比如可以在教学过程中，根据学生所学专业，讲述此专业的发展史，帮助学生了解自己的专业发展历程，增强学生对本专业的认同感。例如，扩展模块是结合职业学校专业特点开设的选修课程，各校应根据专业特色、职业特点自主开设相应内容。例如，中华职业学校是中国近现代史上

第一所用“职业学校”命名的历史名校，学校的校史馆展示了不同历史阶段职业教育的发展概况以及发展历程，可开设“职业教育与社会发展”模块，在这个过程中让学生自主探究中华职校的学校发展史，采取小组合作的方式，进行实地参观，体会中外职业教育的发展，认识职业教育对中国社会主义建设的重要性及其对社会发展的积极作用，让学生在这一过程中更加了解职业教育的特点和职业精神，无形中加强了学生的职业认同以及明晰肩负的历史使命。

（三）注重联系实践，形成协同育人合力

中职历史课堂除了让学生进一步了解历史，提高学生的文化素养，更多是让学生养成知古观今，以史为鉴的意识，尤其是在讲解某一历史史实或历史人物时，应将历史与实践相结合，谈论历史经验对当今社会的影响，培养学生理论与实践并行的基本思维。尤其是历史事件背后的人物精神，汲取其积极优秀的部分，也是加强立德树人教育的表现。例如，在学习中国各个朝代的外交时，可以通过唐朝的兼容并蓄、友好开放，清朝的闭关锁国等政策的转折，引导学生思考外交手段的变化对当今社会有何种影响，鼓励学生联系实际，延伸思考现在我国大力提倡构建人类命运共同体的目标，学生对此的理解会更加深刻。教师应结合专业人才培养方案，创设与行业、专业相近的教学情境，设计体验未来职场的教学活动，探索课堂教学与专业实习实训相融合的教学模式，形成协同育人合力。例如，在“精湛的传统工艺”专题教学中，引导学生对古代陶瓷、古代丝织、古代建筑和古代装饰进行了解，可采用参观博物馆、进行陶瓷制作等寓教于乐的教学方法，激发学生的学习兴趣，更加了解传统工艺的制作过程，在这一过程中所体现的精益求精、勇于创新的工匠精神，是每个中职学生所需的积淀。

参考文献

[1] 中华人民共和国教育部．中等职业学校历史课程标准（2020 年版）[M]．北京：高等教育出版社，2020.

[2] 《中华人民共和国职业教育法》[EB/OL]. 中华人民共和国中央人民政府门户网站，2022-04-21. http: //www. gov. cn/xinwen/2022-04/21/content_5686375. htm.

[3] 朱汉国 . 以历史教育夯实新时代职业学校育人基础——《中等职业学校历史课程标准（2020 年版）》研制说明 [J]. 历史教学（上半月），2020(4)：46.

八　教育数字化转型下教师职业素养提升探析

王柳丽[①]

（上海市高级技工学校，上海 200437）

摘要：教育数字化转型，对教师职业素养提出了新的更高的要求。教师面对教育时代价值的彰显、教育对象的独特性、教育内容的不断优化、教育方式的多元化等问题，需要不断提升职业素养。教育时代价值的彰显，需要教师不断提升数字素养，做学生数字素养的引导者，需要不断优化教师形象，做学生生活实践的示范者。教育对象——学生的独特性，需要教师有博大的胸怀，做学生人生路上的引路人，需要教师有自我革新的勇气，做学生人生道路的同行人。教育内容的不断优化，需要丰富教师生活世界，激活学生生活世界，为创设虚拟现实生活场景做好准备；“后台”教师要做到“形散而神不散”；迫切需要打破教室壁垒，运用数字化技术，构建教师间的“学习共同体”。

关键词：教育；数字化转型；职业素养

数字化时代赋能教育，催生教育数字化转型。教育数字化转型，也在一定程度上考量着教师的职业素养，对教师的职业素养也提出了新的更高的要求。教育时代价值的彰显，教育对象学生的独特性，教育内容的不断优化，教育方式的多元化，都需要教师职业素养的不断提升。

---

① 王柳丽，女，哲学硕士，研究方向：马克思主义哲学。

一、教育时代价值的彰显，需要教师职业素养的提升

教育数字化转型，有利于教育时代价值的彰显。教育的时代价值就是充分利用数字化技术发掘生命的潜能，助力数字技术的发展。教育数字化转型，为学生提供了更多的学习资源和学习渠道。学生可以突破时空的限制，按照自己的节奏学习。教师也能从大数据平台第一时间掌握学生学习现状，能够给予及时有效的指导。这为关注每位学生生命个体的成长提供了可能性。那么，教师如何有效运用大数据平台，从哪些方面提升自身职业素养，彰显教育的时代价值呢？

1. 教育数字化转型，需要教师不断提升数字素养，做学生数字素养的引导者

教育数字化转型，依托的是数字化技术。教师要通晓数字技术，不断更新数字技术，做到与时俱进，才能适应教育转型，使新时代教育转型成功。教师数字素养的提升既有个体自学，也需要在集体中学习，在“学习共同体”中不断革新、优化自身数字技术。教师既可以向专业人员学习，也可以实现教师间的学习，甚至可以向学生学习。

作为数字时代的原住民，学生对数字技术的掌握可能在某些方面超越教师，教师要善于向学生学习，保持开放的心态，不断提高数字技术能力。教师数字素养的提升不仅提升教学水平，而且可以引导学生数字素养的提升。虽然学生数字技术可能学习掌握较快，但是比较零碎、不成系统，更多局限于个人兴趣。教师要引导学生围绕学科学习，发挥数字技术的正向价值，使数字技术助力学习成长，指导学生如何正确使用数字技术。

2. 教育数字化转型，需要不断优化教师形象，做学生生活实践的示范者

数字化时代，学生课外通过网络资源学习知识，对教师的理解是平面化的。线下的课堂教学，让学生走近教师。教师在学生心中的地位是立体的、全方位的。教师通过自身得体的形象塑造了教师群体在学生心中的地位，使学生产生亲切感、敬重感。

“亲其师，信其道。”师生彼此第一次见面，就能拉近彼此心理距离，为学

生奠定良好的心理基础。所以，信息化时代对教师的要求更高，需要教师在“修身”方面不断提升新的境界，才能有效发挥教育的价值。

二、教育对象——学生的独特性，需要教师职业素养的提升

数字化时代，学生接受信息的能力增强。学生的信息总和远远超过教师的信息量。教师倘若单纯停留在“教书匠”的思维下，将无用武之地。那么，教育数字化转型下，面对教学对象的独特性，教师的价值体现在哪里？教师如何提升自身职业素养，引领学生更快成长呢？

1. 教育数字化转型，需要教师有博大的胸怀，做学生人生路上的引路人

2022年统计我国网民规模达到10.51亿人次。网络把我们每个人编织起来。数字化时代，人与人之间的虚拟连接更需要“泛爱众”。“泛爱众”，指的是教师要有博大的胸怀，关照每一个学生，每一个群体。“没有爱就没有教育。”教师的爱表现在对学生生命的成全，帮助学生觉醒。每一个生命都充满了各种可能性。教师的爱就是帮助学生发现自己的可能性，并努力把这种可能性转化为现实。

数字化时代，师生、生生之间交流途径更多，更频繁。师生与社会的连接更密切。每天可能与各种各样的事件不期而遇。教师拥有博大的胸怀，就会有意识地想方设法关照学生的过去、现在和未来，就会有意识地尽我所能带领学生一起去关照需要帮助的人。教师的“泛爱众”，一方面使每一位学生的生命被看见；另一方面也为学生做出了很好的示范，引领学生去关注社会，关注他人。像很多年前鲁迅先生所说的那样“无穷的远方，无数的人们，都和我有关”。

2. 教育数字化转型，需要教师有自我革新的勇气，做学生人生道路的同行人

教师要有勇于自我革新的勇气和信心。数字化时代加剧了各种不确定性的产生，不确定性为“创新”提供了各种可能性。教师只有与时俱进，不断反思自我，更新自我，才能保持与时代同步，与学生的生活世界保持一致。教师面对的始终是充满朝气的学生，认识学生的新特点也需要教师不能墨守成规，要长学长新。

倘若师生的生活世界不同步，教师的观念落后于时代，滞后于学生，又如何去感染学生、打动学生，又如何拉近师生彼此之间的距离？“亲其师，信其道。”师生的生活世界有交集，才可能有对话，而且交集越大，对话越充分。课堂教学效果，才能最大限度呈现。朝气蓬勃的学生需要朝气蓬勃的教师。“苟日新，又日新，日日新”的教师，才能始终充满活力，才有可能与学生打成一片。

三、教育内容的不断优化，需要教师职业素养的提升

数字化时代，学生虽然通过各种渠道已提前了解和掌握了课程的知识。但是这些知识还没有真正融入学生的知识谱系，根底很浅，掌握得不牢靠。教师“活化”教材，才能激活学生习得的知识，增强课堂学习的吸引力。同时需要教师不断精进专业理论水平，才能帮助学生把学习内容向纵深处推进。

1. 教育数字化转型，需要教师不断“活化”知识，做学生学习的指导者

数字化时代，虽然学生通过各种渠道获得了丰富的知识。但是很多时候，这些知识只是处于静态的、外在的状态，还没有进入学生的内心世界，成为学生知识体系的一部分。教师的职责就是帮助学生把已有的知识“活化”起来。“活化”的对象以教学目标为导向，以教材为蓝本，围绕课程标准，联系学生现状，特别是生活经验现状。着眼于学生未来的发展，用学生喜闻乐见的方式，帮助学生逐步实现知识的内化，进而在内化的基础上学会用自己的方式外化，让学生所接触的知识，所理解的知识，“活”起来，“动”起来，激发学生学习的求知欲，激活学生内在的潜能，给予学生更多的成就感，为进一步深入学习做好充分的心理准备。

2. 教育数字化转型，需要教师不断提升专业素养，做学生职业素养的开拓者

数字化时代，很容易获取知识，但是也很容易导致碎片化的知识。而碎片化的知识，往往不能深刻解决当下的问题。因此，数字化时代，教师一定要把握好自己的知识罗盘，知道哪些是自己需要知道的，哪些是自己不需要知道的。专注于自己的专业领域，深耕自己的“一亩三分地”，才可能有所作为，不要被碎片

化的知识带偏。教师对专业领域的深耕，使自己的知识图谱逻辑更加清晰，结构化、体系化更强，更能回应学生当下在现实生活中可能遇到的各种不确定的问题。

教师是灵魂的工程师。“教育是直面人、发展人的事业。不懂人，就不懂得教育。”教师首先要了解的知识就是关于人的知识。首先要了解自己的生命。只有通透自己的生命，才有可能通晓学生的生命。“教育透，则人生透。人生不透，教育也难免隔靴搔痒。”“教育，就是对人的存在之谜和成长之谜的勘探。”

四、教育方式的多元化，需要教师职业素养的提升

数字化时代，教育教学有更多的精力投射于学生学习的难点——内化和外化。学习的内化就是把外在的知识内化为学生知识体系的而义不分。学习的外化是学生能够调动自己的知识体系解决实际问题。教育数字化转型，通过创设虚拟场景，帮助学生解决学习困境。首先，教师只有不断丰富自己的生活世界，了解学生的生活世界，才有可能创设与课程相关的虚拟生活场景。其次，教师在课堂教学中逐步退出显性的教，呈现出隐性的教。这就需要教师有更高的素养，才能做到“形散而神不散”。最后，教育数字化转型为营造教师学习共同体创造了条件。教师也只有在集体的互动交流中才能更好更快地提升自我。

1. 教育数字化转型，需要丰富教师生活世界，激活学生生活世界，为创设虚拟现实生活场景做好准备

学生的学习指向生活世界。因此教师的备课内容也不能脱离生活世界。教师要广泛参与社会生活，真切体验、感悟生活，善于在生活中发现问题，才能引领和指导学生的生活世界。现实生活世界是各学科综合能力的运用。广泛接触现实生活，才能感知课程的价值，拓展学习的空间。

课堂教学中创设虚拟现实生活场景，就是考查学生学科知识运用能力，或者说学生知识内化的程度。只有内化程度较高的学生才能在现实生活世界中游刃有余。教师要善于引导学生，培养学生学会在现实生活世界中学习的能力，激发学

生为了解决现实问题不断学习的动力。这不是单个学科学习的结果，而是综合能力的运用。

教育最终是让学生回到现实，不是让学生脱离现实。学科知识也是来自现实。所以，不能局限于知识的单纯讲解，脱离现实的学科知识，对学生来说很难激发兴趣和活力，很容易产生畏难和排斥情绪。“失去了与对象、经验的联系，失去了来龙去脉，其知识便没有了意义和联系，就不称其为知识了。”因此，教师要时刻保持对生活世界的敏感度，把教育教学融入生活世界，才能贴近学生实际，使课堂教学深入人心。

2. 教育数字化转型，“后台”教师要做到“形散而神不散”

在课堂实践中，教师更多隐在后台，作为指导者的身份，让学生走向前台，使学生在生生之间的交流互动中答疑解惑。教师利用信息化平台，始终密切监测学生活动情况，并及时引导、提醒和关注，做到“形散而神不散”。这个过程教师看似无所作为，却对教师有相当高的要求。

首先，教师的不出场，是为了成全学生，是以学生为中心。其次，教师的不出场不是放任不管，是建立在对每个学生具体情况深入了解基础上的放手。教师要在前期营造安全、温馨、舒心的教室学习氛围，才能让学生敢说、想说、会说。否则，可能使学生感觉无话可说。不是真的无话可说，而是现场氛围还没有营造起来。所以，教师第一次课就要从自我出发创造师生、生生相互尊重的氛围，逐步培养学生的自信、自立、自强的观念。

3. 教育数字化转型，迫切需要打破教室壁垒，运用数字化技术，构建教师间的“学习共同体”

教师职业素养的提升，单纯依靠教师单打独斗是无法实现的。学生的学习是在交流合作中达成的，教师的学习同样如此。所以需要教师打破教室的壁垒，打破学科的界限，开放教室，互相观摩学习研讨。在彼此交流学习中才能更快成长，

“把学校建成一个能使每位教师既独立自主又协同合作的组织”“教师间相互发挥个性、交流授课的形式和共同学习提高的基础”。

数字化教育转型，为开放、共享课堂提供技术支撑。所有教师都可以随时进入任何一间教室观摩学习。每位教师的课堂都是公开课堂，经过集体评议，才能真正发挥每次课堂的价值和意义，为教师课堂教学水平的飞跃做好准备。就像医生专家会诊一样，只有发挥集体的力量，群策群力，才能使教师获得新的成长。在开展此项活动之前，教师间的彼此信任、尊重氛围要形成，才可以推行。也就是教师之间也形成了“学习共同体”。只有在学习共同体中，教师才能与时俱进、面向未来。而面向未来的教师才能培育出面向未来的学生。

参考文献

[1] 李政涛．教育的常识［M］．上海：华东师范大学出版社，2016.

[2] ［日］佐藤学．静悄悄的革命——课堂改变，学校就会改变［M］．李季湄，译．北京：教育科学出版社，2014.

[3] 上海市教委．上海市教育数字化转型实施方案(2021—2023)［EB］．https: // edu. sh. gov. cn/xwzx_bsxw/20211110/9a48015bacfe4af1a4eb131abef5585b.html. 上海教育，2021(11).

九　学生自我意识与德育环境

陈嘉琳[①]

（上海市逸夫职业技术学校）

摘要：人格的形成和发展主要是通过个人选择和自我发展机制进行的，这是一个与外部环境相互作用的过程。学校德育的重要任务是培养有个性并且具有健全人格的学生。

关键词：自我；德育；情境主义；人格发展

“培养什么样的人”以及“怎样培养人”是办好人民满意教育必须正确回答的核心问题。党的十八大报告指出，要全面贯彻党的教育方针，必须把“立德树人”作为教育的根本任务。

人格的形成和发展主要是通过个人选择和自我发展机制进行的，这是一个与外部环境相互作用的过程。青少年是塑造和发展个人人格的关键时期，学校德育的重要任务是培养有个性并且具有健全人格的学生。

在青少年阶段，自我意识发展的特征是“求我”，而社会认同的成熟人格特征是“忘我”，马克思的理想人格设计，也即全面自由的“个性发展”理论假设完美地衔接了青少年人格发展从“求我”到“忘我”的过渡。

---

① 陈嘉琳，女，文学硕士，研究方向：室内设计。

为了使青少年人格得以健全发展，应当优化影响其人格发展的德育环境。

一、个人意识形成的思考

斯皮尔金认为“自我”既是自我意识的载体，又是自我意识的要素。

基于这种想法，伦敦皇家美术学院曾举办一个关于“生命、死亡和重生”的展览（图 9-1）。这个展览很有趣，它的特色是视频艺术家比尔·维奥拉展示了他的一些作品和米开朗琪罗的手稿，以探索生与死为主题。描述这次展览最短的特征词是它非常令人印象深刻。整个展厅几乎没有灯光，只有视频照明，营造出一种独特的氛围，带有一种近乎神圣的感觉。

图 9-1 “Life，death and rebirth”展览

在观赏这些作品时，时间好像静止了，水滴的声音特别清晰。在准确性方面，艺术家使用的摄影技术和灯光效果与好莱坞电影相当。因此，他的作品产生了深远的情感影响，将声音和动作结合起来，创造出引人注目的作品，减缓了日常生活的忙碌，并邀请我们去体验和反思我们的经历。在看展览的时候，看展者个人也同时处于被观赏的角度，人们会开始思考，当“我”周围的人观看展览时，他们可能会在想什么，因为我们不同的背景、文化和信仰意味着我们不会经历同样的事情。然而，“我”可能永远也不知道其他人在展览中看到的答案，这让人们对个体差异有了更深刻的理解。

在个人成长的青少年时期，“求我”是这个阶段的主要人格特征。这段时期，学生会开始思考自己的人格问题，主动去形成自己的人生观，从而激励自我意识的发展。在自我认识、自我评价、自我体验、自我调节等能力上均有所成长，求得理智的和积极的自我，能够顺利地完成建立同期健康人格的要求。

我们倾向于从行为中推断自我意识。心理学家称这种倾向为“一致性偏差”或“基本归因错误”。这种倾向假定了公众舆论定义的性格特征，并根据相应的性格特征解释行为。一些调查人们行为差异是否反映其不同性格特征的实证研究得出了否定的结论，并且似乎没有性格特征存在的实证基础。因此，人们对性格特征的日常信念只是一种幻觉，而性格只反映了人们的自我意识。

一旦人格形成，就很难改变。个性的稳定指导着学校的道德教育。人格可以被科学地理解和识别，人类行为可以被预测和证实。我们可以从科学研究中汲取学生个性的个人特征，作为道德教育的基础和起点。但是人格不是一成不变的，它是可以培养和发展的。个性的变化对学校的德育构成了挑战和必要。在实施学校德育的过程中，必须考虑到学生的真实性格、他们的个人教育、他们对人格发展关键时期的掌握以及他们的及时教育。

二、周围环境对行为个人的影响

笔者模仿了展览的表现手法，制作了一个关于安全边界的视频“动态和静态”（图 9-2）。中间的台阶将画面分成两部分，在平静生活和外界之间形成一个边界，这个边界不断充满噪声、活力和变化。在图片的下半部分，“我”出现了，静静地坐着，试图表达“我”的主题。然而，这种姿态并不是完全孤立于世界之外。画面中的几片树叶越过边界打破了平衡，清楚地表明我们的存在完全归功于我们想要了解的世界。因此，参与式观察是从内部进行观察的关键方式。正如巴拉德指出：“我们不能通过站在世界之外获得知识；我们知道，因为我们属于世界。我们是一个不断变化的差异世界的一部分。”

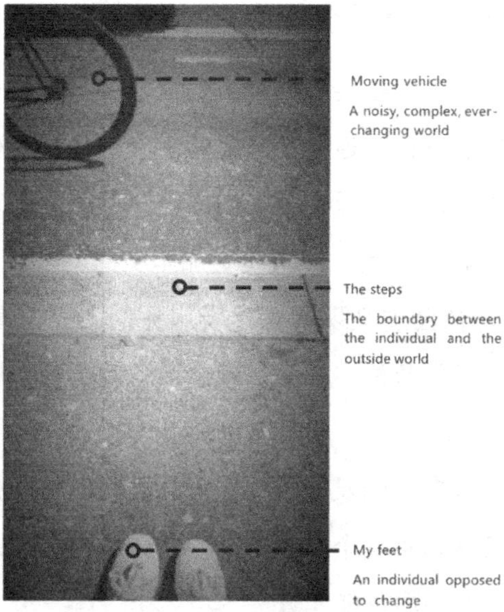

图 9-2　意识形态作品《我》

我们成长的环境，我们接触的人，我们经历的事情似乎都是偶然的，但事实上，它们都是由其他事情直接或间接造成的。情境决定生活方式，生活方式决定生活轨迹。然而，虽然情境会影响人们的行为，但笔者仍然相信意识对行为的影响更大。

沟通是建立良好师生关系的有效方式，甚至在某种程度上可以影响学生的自我意识。沟通的过程是在教学过程中，继承和传播人类文化的科学知识，并使用个人素质教育、人才智力、情感体验、社会观念、人生价值观和行为规范等信息进行学生与老师间的交流。从交流内容的角度来看，有能力技术的交流、理性与情感的交流、文化哲理的交流和个性的交流。正是在这种复杂的交流中，教师和学生心灵互通互相了解，协调他们的行为，并在他们之间建立稳定的关系。在这个过程中，"教"与"学"之间，双方都是交流活动的主体，而不是被动的接受者或传播者。传播活动的双方也有传播的主观能动性。在教师和学生之间，实际上有一个交流的过程，在期望和期望之间不断地结合和融合。这一过程最终使人类的发展达到新的和更高的水平。

三、创造德育环境与其社会行为

马克思主义哲学认为人是社会的人，人是社会关系的总和，人不能脱离社会关系而单独存在。人们的意识和道德观念只能由人们的社会存在来说明。“不是人们的意识决定人们的存在，相反，是人们的社会存在决定人们的意识。”德育作为服务国家、服务民族的工具，应奠定更加坚实的基础。“公民”，是指培养作为社会人的人，是为社会主义现代化建设服务的人；德育体现了人的社会特征、群体特征，德育服务于政治、国家、社会，这基于马克思主义哲学作为学校德育性质的理论基础。

对于社会来说，个人自由的发展与社会公共性功能是互相作用的，个人自由是选择的自由，社会应该为实现个人“尊严”创造条件。因此，在提供的社会环境中，道德教育的内容必须尽可能充分。

《楚门的世界》如弗吉尼亚·伍尔夫所讲是“一个宏大的生存模式”。整个世界本来就是一个巨大的真人秀，每个人不可抗拒地被种种不可见的制片人、故事编剧、群众演员之流所影响，真正意义上的自由是根本不存在的。

由此联想到西方语境主义的一个理论，即德福德的“奇观”理论，“它是现实社会非现实的核心。我们都被奇观的平板玻璃卡住了，当我们都在寻找同样的商品化表演时，我们的脸都被压碎了”。对德福德来说，世界完全是人为的，个体主体经历了异化。然而，生活不是一个在地球村电视屏幕上被动观看的纪录片节目，而是一种积极的信念。景观不仅仅是我们被动地注视的东西，它越来越多地定义了我们如何感知生命本身以及我们如何与他人联系。“景观不是图像的集合，而是通过图像调解的人与人之间的社会关系。”

从这个角度来看，理想人格是可以在良好的社会道德教育环境中孕育出来的。社会对于学生的德育提供了基调，所以德育是一种持续的过程，社会对人格的发展提供了选择的可能性，优化的德育环境与理想的人格是互相影响、互相推动的。

所以德育的内容应以人为本。在德育活动中，教师和学生是两个相互的主体。实现两者的结合，教师在德育过程中要发挥主导作用，“千教万教，教人求真，千学万学，学做真人”，教师必须具备立德树人的思想，同时要加强学习，注重个人素养的提高，要用自己的学识和人格魅力去感染学生，并强调学生的主体地位，积极开展道德实践活动。

在德育过程中，教师应发挥引导作用，组织学生进行德育实践，协调学生道德认知中的矛盾，帮助学生做出正确的道德情感选择。因此，在德育实践中，师生双方都应定位正确，摆正自己的定位，树立以人为本的学生观，将学生主体地位与教师主体地位有机结合，实现知识与实践的转化，最终实现德育促进学生个性发展的目标。

参考文献

[1] 林韧卒 . 高职院校德育体系整合创新 [D]. 哈尔滨： 哈尔滨理工大学 , 2014.

[2] 凌健 . 青少年人格发展与德育环境 [D]. 浙江：浙江大学 , 2002.

[3] 伊 • 谢 • 科恩 . 自我论——个人与自我意识 [M]. 北京： 三联书店出版社 , 1986.

[4] Harman, Gilbert. *No Character or Personality*. Business Ethics Quarterly 13, 1 (2003) : 87-94.

[5] Ingold, Tim. *Making: Anthropology, Archaeology, Art and Architecture*. Routledge, 2013.

[6] 陈桂生 . 中国德育的若干理论问题 [M]. 上海：上海教育科研 , 2003.

[7] 刘达 . 学校德育与学生个性发展可能性研究 [D]. 哈尔滨： 哈尔滨师范大学 , 2016.

[8] Debord, Guy. *Society of the Spectacle*. Bread and Circuses Publishing, 2012.

[9] Harris, John. Guy Debord predicted our distracted society Accessed 21 May, 2019. https: //www. theguardian. com/commentisfree/2012/mar/30/guy- debord-society-spectacle.

十　基于中国传统文化的“园林设计”课程思政建设与实践

于小雯[①]

（上海市群益职业技术学校，上海 200093）

摘要：本文基于中国传统文化，挖掘课程思政元素，寓价值引导于知识传授与能力培养中，落实立德树人根本任务，全面推进课程思政建设，旨在增强“园林设计”课程思政教学的针对性，提高园林专业教学的有效性。

关键词：园林设计；课程思政；中国传统文化；中国古典园林；专业教学

2016 年 12 月，习近平总书记在全国高校思想政治工作会议上指出：“要坚持把立德树人作为中心环节，把思想政治工作贯穿教育教学全过程，实现全程育人、全方位育人，努力开创我国高等教育事业发展新局面。”2018 年 9 月，习近平总书记在全国教育大会上的讲话强调：“要把立德树人融入思想道德教育、文化知识教育、社会实践教育各环节，贯穿基础教育、职业教育、高等教育各领域。”立德树人作为教育的根本任务，为我国培养德智体美劳全面发展的社会主义建设者和接班人。

---

① 于小雯，女，风景园林学硕士，研究方向：风景园林规划与设计。

落实立德树人，思想政治理论课是关键课程，课程思政是重要举措。专业课程与思政课相配合，显性教育和隐性教育相统一，以其协同效应，构建全员全程全方位育人大格局。

本文通过挖掘“园林设计”课程教学中蕴含的思想政治教育资源，将知识传授、能力培养与价值塑造三者融为一体，充分发挥教学与育人作用。

一、“园林设计”课程思政必要性

（一）现代园林设计的痛点

在近代我国国力下降、国外文化入侵的环境影响下，中国传统园林文化受到严重冲击，文化自信度下降、民族认同感降低的弊端渐显。古典园林的一池三山布局，亭台楼阁建筑，具有文化性、地域性的园林景观鲜有出现。近来提出的“望得见山、看得见水、记得住乡愁”的城镇建设，戳中“千城一面”、地域文化缺失的软肋，将景观文化建设提上日程。在机械照搬、短期速成、经济效益驱使的园林作品中，“豆腐渣工程”越来越多，精益求精的雕琢越来越少。景观空间或“一览无余”，无“曲径通幽”之意境，更谈不上深远不尽的空间魅力；或“一马平川”，无高低错落之竖向设计，更无从体验山地、河湖、沟谷的多样景观空间。现代园林设计实践面临：空间布局不合理、造景手法欠推敲、文化底蕴渐隐、园林意境散淡等痛点，难以达成“虽由人作，宛自天开”的园林景观效果。

中国古典园林，将建筑、山水、诗歌、绘画、雕刻等多种艺术融于一体，蕴含了儒道哲学、宗教思想、文化底蕴，凝聚了中国传统文化的精髓。

（二）当前“园林设计”课程思政的弊端

当前“园林设计”课程思政建设中，由于对顶层设计认识不够到位，对内涵研究不够深入，对思政元素挖掘不够充分，对实施策略探讨不够彻底，出现“方法简单片面”“元素生搬硬套”等问题，使专业教学与课程思政各行其道，未形成系统的专业课程思政体系，达不到良好的育人效果。

基于中国传统文化的“园林设计”课程教学，适合中国特色社会主义建设的要求，适应当下生态文明发展的背景，适值园林专业人才培养的目标，适宜思政课程建设的号召。“园林设计”课程思政建设，坚持知识传授与价值引导相统一，引导学生深入了解中国优秀传统文化，厚植爱国主义情怀，坚定民族文化自信，提高专业职业素养，练就过硬技能本领。

二、“园林设计”课程思政元素

中国古典园林范例印证优秀传统文化。基于中国传统文化视角，梳理“园林设计”课程教学内容，围绕课程思政育人目标，深度挖掘“园林设计”课程体系中所蕴含的思想价值和精神内涵，提炼课程思政元素。

（一）坚定文化自信

颐和园是中国古代建筑和园林艺术的结晶。其中，长廊的彩画颇负盛名——惟妙惟肖的人物、栩栩如生的花鸟、风光旖旎的山水，蕴含了文化内涵，表达了艺术品位。神话传说、戏曲故事、人物传记，诉说着中华文明的源远流长；寿字、蝙蝠、葫芦等图案以及麻姑献寿、松鹤延年等寓言绘画，寄托着古人对美好生活的向往追求。领略雕梁画栋的美轮美奂，感受能工巧匠的精湛技艺，展现中国古典园林的文化魅力，增强学生的文化自信。

（二）厚植爱国情怀

天安门广场作为党和国家庆典、盛大集会以及外事迎宾的重要场所，记载中国人民不屈不挠的革命精神；青岛五四广场主题雕塑设计体现“五四运动”反帝反封建的爱国主义基调和民族力量；国庆主题花坛设计——“文明之路”“民族团结”“不忘初心”，再现丝绸之路的辉煌，谱写全面建设富强、民主、文明、和谐、美丽的社会主义强国的历程，标志中华民族站起来、富起来、强起来的历史性飞跃，让学生充满对祖国大好河山的热爱和美好生活的向往，增强学生的爱国热情。

（三）继承生态智慧

颐和园作为皇家园林的典范，遵循“湿地建园林”的生态理念，运用“一池三山”的叠山理水模式，隐喻自然仙境的寓意，蕴含生态文化的意境。学习植物造景时，秉承古典园林的生态思想，结合时代特征勇于创新。春季山花烂漫、夏季荷花映日、秋季硕果累累、冬季蜡梅飘香——花开花落、叶展叶疏，季相变化，色彩丰富，民族生态智慧得以传承与创新。

（四）传承园林匠心

工匠精神，意为技术精湛、造诣高深。中国古典园林之工匠精神，贵在追求精心之精益求精，讲究恒心之执着专注。清代叠山佳作环秀山庄，出自叠石大师戈裕良之手。他汲取传统绘画与造园手法之精华，运用大湖石勾勒山之气魄，辅以小湖石之细节，把自然山水的峰峦、洞壑形象，经过提炼概括，集中展现在有限的空间内，使之境界多变，有“咫尺山水，城市山林”之妙。独树一帜的古典园林铺装，展现优美形式、精致图案的同时，蕴含丰富的寓意和文化内涵，体现园林工匠的精妙技艺。学习铺装材料、设计方法之余，引导学生把握工艺细节，传承园林匠心，发展创新思维。溯古通今，通过专业的规范、环境的塑造、文化的传承、兴趣的引导等来培养学生的专业精神、职业态度和人文素养。

三、“园林设计”课程思政实施策略

（一）深入挖掘思政元素，实现思政浸润与专业传授的齐头并进

习近平总书记在全国高校思想政治工作会议上指出：“好的思想政治工作应该像盐，但不能光吃盐，最好的方式是将盐溶解到各种食物中自然而然吸收。”将思政元素有机融入课程教学的全过程，使教学内容与德育映射有机融合，达到“润物细无声”的育人效果。结合园林专业特点，分类推进课程思政建设，拓展“园林设计”课程的广度、深度和温度。基于传统文化视角，深层推进课程思政建设，增加“园林设计”课程的人文性、知识性和引领性。

（1）培养民族自豪感，坚定文化自信

通过观看视频、PPT 演示等手段，展示纪录片《园林》《中国古典园林之旅》，带领学生纵览古典园林的历史变迁，探究风格独特的园林文化——宫廷建筑的雍容华贵、江南园林的温婉多姿，以便于学生领悟技艺精湛的造园艺术，感悟自然人文的和谐统一。从历史、技艺、文化、传承多维角度，领略博大精深的中国古典园林的同时，挖掘蕴含其中的尊重自然、顺应自然、保护自然的生态哲学理念，以及古人追求天人合一的思维方式，联系当下“绿水青山就是金山银山”的发展理念，探讨园林建设与生态文明的关系，引导学生在尊重自然规律的前提下改造自然，成为具备社会责任感的园林设计师。

（2）深化职业信念感，坚守职业道德

在完整的项目流程学习中，解读项目背景，研读设计规范，精解设计要点，分析功能价值，浸润认知审美。通过园林设计优秀案例分析、分组讨论，让学生感受认真负责的职业素养与精益求精的职业规范；通过学习古代造园家及老一辈园林人求真务实的精神，让学生领悟使命初心与专注创新；通过教师亲身示范、学生参与实践的形式，培养学生爱岗敬业的职业品格和吃苦耐劳的奋斗精神。理论讲授、实践体验与价值引领结合，引导学生深刻理解职业精神，逐渐养成科学严谨的职业态度，自觉实践职业规范。

（二）科学设计课程思政教学体系，实现专业理论与实践教学的并驾齐驱

（1）理论学习：以课堂为阵地，渗透传统文化

在“园林设计”课程知识讲解、案例分析、资料搜集等教学环节中，学习素材的选择上，有意向地贴近中国传统文化；设计理念和造景手法上，有方向地渗透中国古典园林知识；景点命名和意境营造上，有针对地赋予园林景观诗情画意般的感情色彩。例如，学习“植物景观设计”时，造景取意：松的苍劲、竹的潇洒、蜡梅的傲雪、兰草的典雅；赋植物以情：“千磨万击还坚劲”“岁寒而知松柏之后凋”，意坚贞不渝；“采菊东篱下”“留得残荷听雨声”，品淡泊宁静。

在传授知识、方法、技能的同时，通过探索古典园林设计理念与现代园林设

计手法的关系，有意识地关注、引导学生的情感态度和价值观，将中国传统文化渗透在教学的各个阶段。

（2）项目实践：以项目为契机，传承传统文化

“崇尚自然，师法自然”，中国古典园林蕴含的自然生态理念、保留历史文脉、再现地域特色的造景手法，值得学习与借鉴。在园林设计项目实践中，对于政策背景分析，引导学生理解“生态文明”“美丽中国”“海绵城市”建设的内涵、特征和任务，了解党和政府的决策，自觉投入推进生态文明和美丽中国建设的队伍中去。对于设计方法讲解，选取优秀古典园林案例，借景、对景、夹景、框景、漏景、障景等造景手法，感受“疏可走马，密不容针”，或明朗，或幽深的景观空间，体验步移景异、咫尺山林的园林景观。对于项目设计实践，选择学生熟悉的校园、居住区、小庭院、公园等，让学生寓学习于生活，产生共鸣。

在园林设计实践中，学生理解传统文化，了解园林的时代特征，方能继承古典园林的景观要素、造园手法、空间布局形式及文化特征，创新现代设计手法，设计出具有生动、灵气、别有意境、满含文化底蕴的园林景观作品，从而增强民族文化自信。

（三）探索教学方法与学习方式，创新课程思政教学模式

（1）构建线上线下混合教学模式

线下教学：融入信息技术手段，提供知识讲授与技能实践，把握教学进度安排；线上教学：搭建网络教学平台，提供学习资源，改进教学管理方式。师生共建园林设计作品的思政案例资源库：教师引导学生深入研讨案例，提升对专业知识的认知；教师引导学生主动搜集相关案例，提高对学习资源的获取、处理和应用能力；教师引导学生思考案例的文化内涵与社会价值，自觉生成对民族情感、职业素养的认同与传承。

（2）探索教学互动模式

教师主动创设积极和谐的教学情境，辅以有趣的教学方式，穿插生动的项目案例，有效组织教学流程，调动学生的情绪；学生作为课堂活动的主要参与者，

通过自主探究学习、团队合作学习、展示交流学习、头脑风暴讨论学习、“任务引领、做学一体”实践学习，主动参与课堂互动。教师注重学生学习过程的信息反馈、情感体验与分享表达，给予及时的肯定和赞扬，学生提高学习兴趣、提升学习动力。在积极、主动、互动的教学中，课程思政教育悄然开展。

（3）体验参与式学习模式

构建基础理论、综合实践、拓展求知、创新应用的进阶式学习模块，课堂教学占主导地位，实践课程为有效补充，体验式学习为主要特色。开展诸如现场教学、实地勘察、参观学习等参与式学习模式，鼓励学生多走——参观名胜古迹，多看——游览公园绿地，多听——畅听项目设计故事，多观察——理解园林设计方法，多思考——领悟地域文化内涵，多感受——了解地方风土人情。学生拓宽了专业视野，自觉生成对园林文化的认同，潜移默化中提升自我。

（四）融合专业技能与情感态度，构建德技一体评价体系

综合课堂教学的过程性评价与总结性评价，评价内容涵盖知识基础、技能掌握、能力提高、情感态度、价值观念等方方面面：工具制图、手绘技法、计算机软件技能、理实结合等专业素养；思想道德、行为准则、价值观念等文化素养，如坚持真理、言必有据、修正错误的科学态度，一丝不苟、实事求是、谦虚谨慎的学习作风；吃苦耐劳、认真专注的职业素养；自主学习、沟通合作、善于创新的综合素养。

四、“园林设计”课程思政教学案例

（一）“阆苑琼楼见园林”——新中式庭院景观设计

教学过程采用项目汇报模式，将学生分为甲方（客户）、乙方（设计师）和评审专家3个小组，引导学生“自主学－学中做－做并思－思且评”，自主完成方案汇报与完善。学生通过把中国古典园林造景手法应用到新中式园林设计，感受中国传统园林之美，树立文化自信；学生先自主实践，后归纳总结，再举一反

三，通过不断完善方案，养成精益求精的工匠精神；学生通过角色扮演与职业体验，树立正确的职业价值观，提高沟通交流、团队合作能力。

（二）“曲径通幽，步移景异”——校园小游园植物景观设计

教学过程“研－教－学－评－用”一体，引导学生“自主探究—团队合作—展示交流－头脑风暴－动手实践”，践行“用眼看、用耳听、用脑思考、用手操作”的学习理念，旨在提高学生的学习趣味性与参与积极性，培养学生主动探究的学习习惯。以校园景观设计的项目为切入点，让学生设计灵感来源生活，获得以人为本的设计理念。运用现场教学，增强学生直观体验。运用工作场景模拟，促进教学过程与职业岗位对接。植物景观设计对比古典园林造景手法，“步转垂杨岸”“碧林含秋兴”“山水若芳”“花径寻幽”等景点命名关联中国传统文化，实现植物景观设计的步移景异，达到“虽由人作，宛自天开”的审美意趣。

五、结语

“只要中华民族一代接着一代追求美好崇高的道德境界，我们的民族就永远充满希望。”2013 年 11 月，习近平总书记在曲阜考察时对传承弘扬中华优秀传统文化的重要讲话，在课程思政建设中，同样具有重要的指导意义。教师承载着传播知识、传承文化、塑造新人的时代重任。基于中国优秀传统文化，将精益求精的工匠精神、古典园林造景手法、园林意境、地域文化、民族情感有机渗透至“园林设计”课程教学，乃至园林专业教学，进而丰富园林专业课程思政建设；以端正的职业态度、精湛的专业技能、高度的人文素养，来拓展中国园林发展之路，对园林人才培养、园林匠心传承、园林文化创新，具有重要意义。

参考文献

[1] 刘庭风．缺少批评的孩子——中国近现代园林 [J]．中国园林，2000(5)：26-28.

[2] 杜春兰，雷晓亮，刘骏．当代风景园林教育的发展挑战与思考［J］．中国园林，2017(1)：25-29.

[3] 张运兴，李海栋，翟飞飞，王同文．风景园林教育之“工匠精神”研究［J］．现代园艺，2020, 43(15)：201-203.

[4] 党华．“工匠精神”的审美观照和境界生成［J］．中华文化论坛，2016(9)：85-89.

[5] 新乡学院．“园林设计初步”课程思政教学设计［EB/OL］．［2022-04-28］．http://sk.xxu.edu.cn/info/1199/3937.htm.

十一　树师风，铸师德

于海兰

（上海电子信息职业技术学院，上海 201411）

摘要：通过参加“职业院校教师师德师风建设培训班”，对高职院校师德师风建设的紧迫性和重要性有了更深入的关注和了解。在这篇论文中详细阐述了对目前高职院校师德师风建设现状的看法，并从三个主要方面论述了对进一步加强高职院校师德师风建设的粗浅想法和建议。

关键词：高职院校；师德师风；职业荣誉感；考核机制；榜样的力量；自律

笔者是来自上海电子信息职业技术学院外语学院的一名高职英语教师，作为职业教育一线的一名工作者，从事这份工作已经20个年头，内心时刻充盈着作为教师无限的自豪和成就感，以及和学生们相伴共同成长的欣慰和喜悦。通过参加这个培训班，无比深刻地认识到了铸师德、强师魂、树师风、提师能的重要性，再一次坚定了作为职业教育教师的信念，更加认识到了教师的伟大使命，进一步端正了价值观，从而更加明确了要改进的不足之处，更加清晰地规划出了未来要努力的方向和目标。

一、目前高职院校师德师风建设的现状

（一）有追求功利的现象出现，偏离了成为教师的初心和理想

“太阳底下最光辉的职业”“春蚕到死丝方尽，蜡炬成灰泪始干”，自古以来人们就给予教师这个职业最崇高的赞美和期待，教师队伍中很多是因为对这份崇高事业的向往和对自己老师的敬仰而加入了这个行业。这些对教师职业的赞美绝不是空话，它们蕴含着这份职业的意义和价值。但是随着社会和经济的发展以及对生活品质追求的不断提高，有些教师却在功利的驱使下偏离了成为教师的初心和崇高理想，渐渐变得倾向于用实际效益衡量一切，出现了一些“道德滑坡”的现象。在这些年的新闻和时事中，高校教师为了金钱美色道德沦丧锒铛入狱的案例并不少见，着实让人痛心。

（二）有些高职院校的师德师风建设流于形式，重理论，轻实践

这些年来，各个高职院校的师德师风建设都被提到了最重要的位置上，围绕铸师德、强师魂、提师能的各种培训和活动都在如火如荼地进行着。虽然形势一片大好，但是有一部分高职院校的师德师风建设却是始终在纸上谈兵，并没有深入实践，平时的学习和考核都停留在写论文谈理想的方面，并没有把师德师风建设的目标和准则贯彻到实际工作中，也没有落实在各个一线岗位具体工作中，没有形成对师德师风建设的评价体系。道德作为一种力量，对人的发展有着教化功能，但一定需要在实践中才能更好地发挥作用，仅仅停留在理论层面的师德师风建设，是毫无现实意义的。

（三）部分高职院校过分注重学校硬件设施的建设，缺乏对德育工作的投入

随着经济建设的发展，为了提升院校形象，谋求自身发展并在激烈的院校竞争中占据优势，有一些高职院校片面追求学校之“大”之“美”，设备之“全”之“先进”，就将全部的精力和资金都投入到了学校的扩建，校园的美化，硬件设施的更新换代上。当然，好的学校环境能提升学校的外部形象，给学生留下很好的印象，为学生提供好的学习环境。但是，这并不是高职教育的根本意义。简言之，

高职教育的根本意义在于为我们社会的发展培养各行各业所需要的人才。而要培养合格的人才，德育工作当然是最重要的，先做好人，才能做好事，而学生的德育工作不又依赖于道德高尚的老师们吗？因此，所有高职院校都应该在师德师风建设等软实力方面多多投入，培养一支德行兼备的教师团队，对学生产生积极正面的影响。

二、浅谈对高职院校师德师风建设的想法和建议

（一）净化校园环境，提高教师职业荣誉感，提升教师思想和业务素质，引导教师爱岗敬业爱学生

（1）爱岗敬业讲奉献，不图名利守初心

教师们在思想上要树立起强烈的职业荣誉感，历史使命感和社会责任感，忠诚于党的教育事业，以言传道，以身垂范，爱岗敬业，乐于奉献，自觉履行教书育人的神圣职责。“捧着一颗心来，不带半根草去”是教师们的人生写照，耐得住寂寞，抵得住诱惑，甘于清贫，无私奉献，在平凡的工作中升华崇高，实现个人价值和社会价值的完美统一。

（2）勤学苦练强业务，打铁还需自身硬

教师们要树立终身学习的习惯，活到老学到老，只有这样才能胜任这一富有挑战性的职业。当今社会飞速发展，知识更新日新月异，教师们只有不断给自己充电，把学习看作一种乐趣，从各种渠道汲取新的知识养分，才能紧跟时代发展趋势，改革和完善教学内容和方法，教有水平，行有示范，才能成为令学生敬仰的德艺双馨的教师，否则就只能是一潭死水，被时代遗弃。

（3）心系学生付真情，用爱沟通无障碍

教育是一门艺术，爱是教育的原动力，教师的关爱是学生心灵的阳光。热爱学生的老师最受欢迎，学生渴望的不仅是从老师那里获得知识，更重要的是渴望得到老师的关爱。因此，在教育过程中，无私奉献的师爱既是教育成功的关键，也是衡量一位教师素质的重要标准。教师在日常的教育工作中，应该以爱为本，

激励、唤醒、鼓舞学生对知识和进步的渴求，把握批评的“度”，变“忠言逆耳”为“忠言悦耳”，创造出尊重、信任、宽容、友爱型的师生关系。

（二）以法律为准绳，以本校实际为依托，建立适用于自己院校的教师职业道德规范，并完善师德师风考核机制，将师德师风考核落到实处

①我国教师职业道德规范在制定时，大多依据的是教师崇高人格的理想期待，因此，我们应该结合我国现有的《中华人民共和国教师法》《中华人民共和国高等教育法》《中华人民共和国职业教育法》等法律和国务院出台的行政规章，进一步细化高职院校教师职业道德要求，结合本校实际情况制定具体细则和教师道德规范考核标准，从而将师德师风建设落于实处，并为对教师进行师德师风考核和奖惩提供依据。

②重视师德师风建设在学校发展中的重要性，健全师德师风考核机制，完善制度保障，确保奖惩分明，行之有效。

为了突出师德师风建设在教育过程中的重要性，必须健全和完善与师德师风建设相关的规章制度，即激励机制、考核机制和监控机制，确保师德师风建设评估办法与奖惩机制标准明确，公正合理，使师德师风建设能够在阳光透明的环境下健康成长。继而，将教师师德师风考核评价的结果真正运用到与教师工作和个人发展密切相关的环节中，明确高尚的师德师风是教师能获得各种荣誉称号的前提和基础，提高教师对师德师风的自觉关注度。对师德师风评价考核不合格的人员，在职务晋升，评奖评优时实行“一票否决”。奖励师德师风评价结果优秀的教师，惩处评价结果不合格的教师，增强教师们的责任意识和忧患意识。

（三）以高职学校为平台，积极协助营造良好的社会道德氛围，保持教师队伍的活力，对师德师风建设进行科学的领导，树立典型，充分发挥榜样的示范作用，引导全体教师不断加强自律

（1）以学校为平台，与其他院校和社会团体合作，组织积极健康的社会活动，营造良好的社会道德氛围学校是社会存在的一个部分，师德师风也是社会道德的一个组成部分，所以师德师风建设也离不开良好的社会氛围。学校可以利用自己的影响力，组织学生成为社会良好道德的宣传者和督促者。有了良好的社会道德氛围，师德师风建设才会有茁壮成长的环境，而师德师风建设的成就也会通过千百万学子的健康成长回馈给社会，为新时代社会建设者们筑好强大的道德基石。高校师德师风建设的成功，会对整个社会的发展产生潜移默化的影响，反过来，也会有效保障高校教师的政治地位、社会地位、职业地位，维护高校教师的尊严。教师队伍在这种良性循环的社会环境中，也才能够积极“乐业”，保持永远旺盛的活力。

（2）对高职师德师风建设进行科学的领导，树立典型，充分发挥榜样的力量

所有的高职院校都应该加强教师师德师风建设的领导和组织，健全工作体系，明确具体工作部门及相关部门的职责。学校党员干部尤其要在教师师德师风建设方面发挥党员干部的先锋模范作用，不仅要以身作则，身体力行，成为教师们的楷模，同时还要监督指导学校师德师风建设工作的情况，以保证师德师风建设的良性开展。同时，各高职院校应该树立一批体现时代精神师德师风高尚的先进典型，通过榜样的力量教育人、激励人，从而在学校形成崇尚先进、学习先进的优良风气，这对于促进良好师德师风的最终形成具有不可忽视的重要作用。学校可以积极开展多种形式的以师德师风为主题的教育活动，通过宣传在师德师风建设中取得显著成绩的先进集体与个人，树立榜样形象，营造崇尚师德师风建设的良好环境，推广进而全面带动学校的师德师风建设。

（3）坚持自省慎独的师德师风修养，做学高为师身正为范的高职教师

在良好社会氛围和强大榜样力量的影响带动下，全体高职教师应该坚持“吾日三省吾身”“见贤思齐焉，见不贤而内自省也”。良好的品行和素养是需要在工作和生活中不断打磨的，及时反省才能不断地发现自身的不足，通过适时地改进才有助于素质的不断提高。教师不仅是文化知识的传播者，也是道德、品行的示范者。自省慎独是一个教师师德师风日益精进的良好方式，教师应当以身作则，

严格要求自己，通过自身素质的不断提高，促进学生的进步，充分发挥教师本身强大的道德感召力。

总而言之，高职院校师德师风建设是各个院校发展过程中重中之重的首要大事，需要所有高职教师的共同奋斗，让我们为此一起努力吧！

参考文献

[1] 郑小军．高职院校师德建设的问题与对策 [J]．教育理论与实践，2017(6)．

[2] 陈美霞．加强高校师德建设提高教师综合素质 [J]．高教研究与实践，2002(12)．

十二　媒体融合视域下高校新闻传播人才培养与课程思政建设探析

徐萌

（上海出版印刷高等专科学校，上海 200093）

摘要：媒体融合在深刻影响着当下新闻工作生态和业态的同时，也给当下卓越新闻人才培养的观念、理念和途径带来较大挑战。与此同时，我国教育事业在新时期不断创新发展，课程思政作为立德树人理念下的核心任务，也是优化建设新闻传播专业的重大使命。如何转变思想探索高校融合新闻人才的培养策略与课程思政建设值得深入探讨。

关键词：媒体融合；课程思政；新闻传播学；人才培养

2014 年 8 月，中央全面深化改革领导小组第四次会议审议通过《关于推动传统媒体和新兴媒体融合发展的指导意见》，媒体融合上升为国家战略。2019 年 1 月 25 日，习近平总书记在中共中央政治局第十二次集体学习中指出“推动媒体融合发展、建设全媒体成为我们面临的一项紧迫课题”，明确我国媒体融合发展具有紧迫性和重要性。2019 年 2 月 25 日，中宣部部长黄坤明在媒体深度融合工作推进会上强调“强化技术创新的引领驱动，大力培养全媒记者、全媒编辑、全媒管理人才”，新时代下融媒体人才培养重要性越发凸显。从传统媒体到新兴媒体，信息传播的内容、渠道、生产模式、话语方式发生了根本性转型，新闻业正在面临从“增量革命”到“语法革命”的巨大转向。媒体融合加速发展，给新闻工作带来影响的同时，也对高校新闻传播人才培养创新思维提出了新的挑战。

2016年12月，全国高校思想政治工作会议上，习近平总书记强调“要坚持把立德树人作为中心环节，把思想政治工作贯穿教育教学全过程，实现全程育人、全方位育人，努力开创我国高等教育事业发展新局面”。2017年12月，教育部发布《高校思想政治工作质量提升工程实施纲要》，要求“大力推动以‘课程思政’为目标的课堂教学改革，优化课程设置，修订专业教材，完善教学设计，加强教学管理，梳理各门专业课程所蕴含的思想政治教育元素和所承载的思想政治教育功能，融入课堂教学各环节，实现思想政治教育与知识体系教育的有机统一”。奠定了课程思政在新时代下高校人才培养和教育改革发展方向上的重要位置。而新闻传播学与社会舆论、政治及意识形态等具有天然的联系，课程思政对于新闻传播学科的人才培养和教育建设更具独特意义。媒体融合高速发展之下，如何将新闻传播学人才培养改革与课程思政建设相结合，对我们新闻传播学科研教学人员提出了全新挑战。

一、媒体融合的发展态势与新闻传播人才培养模式转型

“媒介融合”（Media Convergence）最早由美国麻省理工学院伊契尔·索勒·普尔教授提出，原指各种媒介呈现出多功能一体化的趋势。普尔将媒介融合归纳为两种形式：“过去为不同媒体所提供的服务，如今可由一个媒体提供。过去为一种媒体所提供的服务，如今可由不同的媒体提供。”伴随着互联网技术的不断发展和普及，传统媒体与互联网加速融合渗透，“媒介融合”一词已然成为新闻传播学科乃至人们日常生活中的常见词语。

（一）新媒体蓄势待发

截至2019年中旬，全球互联网用户数超38亿人次，全球移动设备用户超

15 亿人次。微博、微信、抖音、移动客户端等新兴媒介渠道不断涌现，“新媒体”的内涵与外延不断丰富，新闻生产与新闻传播的方式发生巨大改变，媒体格局与舆论生态也发生根本变化。在新媒体浪潮冲击之下，“纸媒已死”的说法流传已久，反映了传统媒体生存空间不断遭受挤压的事实。在此背景之下，传统媒体如何从新媒体中汲取先进的技术和传播特点，巩固并发展自身优势的同时加强与新媒体深度融合已然刻不容缓。

（二）传统媒体变革转型

随着媒介环境的剧变，传统媒体也在不断尝试，寻找出路，寻求突破。2014 年 3 月，新华社策划推出“面向未来的赶考”大型多媒体融合报道，实现了高端政治新闻的新媒体化和网络碎片化阅读，开创了重大政治性主题报道的新模式。2015 年 10 月，人民日报社成立新媒体中心，标志人民日报社在加快推动媒体融合发展方面迈出了新的步伐，并设立“中央厨房”模式，在全国县级融媒体中心的建立和推广中起到了标杆作用。随后，以上海报业集团、南方报业传媒集团、浙江日报报业集团、大众报业集团等为代表的省级地方媒体集团在融合实践方面也紧跟而上。

（三）媒体融合趋势下新闻传播人才培养与德育模式转型

我国在多项战略及政策意见中也不断明确新闻传播人才培养模式的变革和方向。2019 年 1 月，习近平总书记指出“全媒体不断发展，出现了全程媒体、全息媒体、全员媒体、全效媒体，信息无处不在、无所不及、无人不用，导致舆论生态、媒体格局、传播方式发生深刻变化，新闻舆论工作面临新的挑战”。“四全媒体”的提出不仅确立了我国新闻传播行业的发展方向，也明确了我国新闻传播学科人才的培养方式。

2018 年 10 月，教育部、中共中央宣传部发布《关于提高高校新闻传播人才培养能力实施卓越新闻传播人才教育培养计划 2.0 的意见》，该意见指出，要“培养造就一大批具有家国情怀、国际视野的高素质全媒体化复合型专家型新闻传播后备人才”“打造新闻传播人才德育新模式。强化思想引领和价值塑造，构建思想政治教育、职业道德教育、专业知识教育‘三位一体’新闻传播育人体系”。可见国家层面对全媒体人才、融媒体人才以及强化构建思想政治教育打造新闻传播人才的德育新模式指出了明确的方向和要求。新闻媒体组织结构、业务形态、考核标准的变化及其所体现出的用人导向的调整，无疑影响着高校新闻传播教育的走向。

二、高校融合新闻人才培养及课程思政建设策略

伴随着媒介环境的不断变化与发展和媒体融合的进一步深化，目前媒介融合环境中新闻传播学人才的培养却似乎陷入了泥沼。各大院校和科研教学人员也进行了改革和尝试，以契合不断变化发展的科学技术和媒介环境，比如新建网络与新媒体专业，开设编程、VR、AR 等全媒体技术性课程，改变人才培养模式和考核方式等，但也未能从根本上解决这种尴尬局面。在媒体融合语境之下，各大院校如何培养适应当前传媒业发展需求的融合新闻人才，并解决两者匹配度较差等问题迫在眉睫。与此同时，当下时代变化迅猛，移动互联网科技发展日新月异，在这样的媒介环境之下，如何树立新闻传播人才正确的思想政治观，提升学生的思辨能力，对新闻传播学科科研教学人员的课程思政能力也提出挑战。

（一）寻求“双师型”人才，加强师资队伍建设

目前高校的用人和考评体制更多还是以学术研究水平为主，但市场上的传媒行业对人才的需求则更多在于实践和技能方面，与此同时相关政策法规、约束及要求相对欠缺，这使得高校的人才培养与业界的人才需求缺乏互动机制，各行其道，难以匹配。另外，当前高校许多教师的知识储备和能力结构相对老化，无法满足当下 Z 世代学生的需求和社会需求，这也是一个残酷的现实。完备的教学资源是实施高质量人才教育必不可少的部分，而精良的师资队伍是教学资源的主导力量，也是提高教学质量、培养专业人才的重要保障。

当前各大院校人才引进和师资用人“门槛”水涨船高，但“唯博士”“唯学历”的趋势是否真的能够解决融合新闻人才培养上教师能力不匹配的问题值得我们深思。实践与实训能力的培养是媒体融合语境下新闻传播人才培养的重要课题，教师的实践与实训能力与学术能力常常并不成正比。要想突破这一困境，积极寻找“双师型”人才，加强师资队伍建设是不二选择。

提高师资力量要么通过“输血引进”，要么依靠扶植、培训。虽然，通过“输血引进”的方式速度最快、效果最好，但“双师型”人才普遍匮乏，或善练不擅学术，或善教不擅学术，二者很难得兼，“双师型”人才可谓一师难求。相对而言，依靠各大院校自行支持扶植和培训培养可能更为现实，通过学习、培训、挂职等方式提升现有师资力量的实践技能，帮助其实现“双师型”人才的转变和提升。抑或通过外聘业内“实训精英”作为校外导师，与校内理论教师相结合的方式弥补实训短板，打造组合型“双师型”人才组也不失为一种有效解决办法。

（二）优化课程设置，“校媒共建”加强学生实践

受传统授课模式惯性和理念影响，及教师自身实务能力限制，不少院校课程设置更偏理论，而实践、实训比例过少，又或者在实践、实训名义之下实则进行理论教学。然而，媒体融合背景下业界需要的是全媒体、融媒体、全能型类似“超级背包记者”的传媒人才，对实践、实训的需求大于理论需求。与此同时，教材内容的编写方面，不少教师仍从传统新闻媒体从业人员需要变革思想、顺应互联网思维的角度出发进行教材内容的编写，殊不知当下高校大学生皆是互联网时代的原住民，他们更需要的是如何上手融合新闻实践，而非转变思想适应甚至学习互联网技巧。因此，高校更应顺应市场及行业需求培养新型全媒体新闻传播人才，努力摆脱“重理论、轻实践”“内容与技术脱节”的困境，优化课程比例设置，适当地降低“理论型”课程的比重，提高实践拓展课程的比重，并将课程的时效性作为课程设置的重要参考标准。

学生实践能力的培养，最快捷也是最具成效的方式就是通过专业实践平台展开真枪实弹的实务操作，但通常由于受到学校自身硬件设施及办学条件的限制，抑或受实训基地资源数量限制，导致学生不能或未充分感受当下传媒业态真实的技术环境与变迁，不能或未充分上手参与整个流程的真实操作。“校媒共建”并不是一个新鲜提法，但通过“校媒共建”完善高校实训基地不足，弥补实训能力欠缺的短板是成本较低又能迅速见到成效的手段之一。通过高校与传媒业界建立起的桥梁，一方面可以帮助学生深入传媒一线，真实感受业界工作状态并即时接受业界精英的实训指导；另一方面也可以帮助企业在共建过程中物色人才，并实现社会价值。

（三）革新教法，将课程思政融入教学过程

课程思政是立德树人和三全育人的重要落实路径并直接为专业思政和学科思政建设服务，在高校思想政治理论课教学中融入专业课程知识是实现这一目标的重要途径。课程思政的重要性和必要性在诸多先行研究中早有详细论述，本文不再赘述，仅从实际问题和策略展开。如何做好课程思政建设，在教科研人员日常教学中面对的最大难题是如何将课程思政润物细无声地融入专业课的教授过程中，从而避免“思政”与“专业课程”两张皮的问题。

如前文所述，新闻传播学与社会舆论、政治及意识形态有着天然联系，课程思政对于新闻传播学科的人才培养和教育建设独具意义。因此，新闻传播学科教学过程与课程思政的结合点理应非常广泛，新闻人物和事件的选取，历史脉络的梳理，新闻价值的挖掘，社会议题的选择，新闻观点的确立，无不发挥着思想引领作用。新闻的本源是真实性、客观性、公正性，新闻从业者讲究职业伦理与法规，新闻价值观与社会主义价值观相联系，课程思政本就融入新闻传播学科专业教学的方方面面。关键是解决高校新闻传播学科教学科研人员如何革新教法、转变思路的问题。丁柏铨教授也曾在研究中提出，可以通过“分析新闻精品力作体现思政，推介优秀新闻工作者体现思政，结合新闻舆论监督体现思政，在批评不良文风中体现思政”的方法将课程思政融入新闻传播学科教学过程的方方面面。

参考文献

[1] 喻国明．从“增量改革”到“语法改革”[J]．新闻实践，2010(3)．

[2] 石长顺．融合新闻学导论 [M]．北京：北京大学出版社，2013．

[3] 胡德才．媒介融合时代新闻传播人才培养的理念与路径 [J]．新闻大学，2015(5)．

[4] 中共中央宣传部新闻局．中国媒体融合发展的实践与探索 [M]．北京：学习出版社，2015: 24．

[5] 张霆．媒体融合时代的高校新闻传播教育：挑战与应对 [J]．浙江理工大学学报，2020, 44(6)．

[6] 韩建华．媒体融合时代卓越传媒人才培养的创新实践——以浙江传媒学院为例 [J]．中国广播电视学刊，2019(2)．

[7] 张昆．新闻传播教育的支点错位 [J]．新闻记者，2017, 412(6)．

[8] 刘玲武，唐哲瑶．对媒体融合环境中数字出版人才培养的思考 [J]．出版与印刷，2019(3)．

[9] 袁小群，何燕．我国高校数字出版专业本科课程体系优化探讨 [J]．出版广角，2019(6)．

[10] 曲升刚．课程思政：新时代高校新闻传播人才培养的优化路径 [J]．传媒，2020, 9(下)．

[11] 丁柏铨．新闻学科课程思政：特殊性、有效性及实施路径 [J]．当代传播，2020(6)．

十三　中国首饰史论课程开展课程思政的探索与实践

颜如玉

（上海市逸夫职业技术学校，上海 200093）

摘要： 自中共中央办公厅、国务院办公厅发布《关于深化新时代学校思想政治理论课改革创新的若干意见》，要求把思想政治教育贯穿人才培养体系中去，将立德树人作为推进课程思政建设的根本任务。如何发挥好首饰史论课程的育人作用，在课程设计与课堂活动中结合课程特色与专业优势，深度挖掘与专业课程知识体系相关的思政元素，从课程涉及的专业、行业、历史、文化等角度进行思政渗透，达到“润物细无声”的育人效果就成为本课程思政探索与实践的重要课题。本文从课程思政的建设目标与内容重点，结合职业教育中本课程的教学设计与教学实践活动给出开展课程思政的一些实施方法。

关键词： 职业教育；课程思政；中国首饰史论课程；思政元素

一、课程思政的建设目标与内容重点

（一）课程思政的建设目标

推进课程思政的建设根本上是要解决高校如何培养人才，以及培养怎样的人才的问题。课程思政建设工作应紧密围绕全面提高人才培养能力这个核心点开展工作，职业教育应全面提升课程思政建设意识，同时在课程建设过程中把握好专业教育和思政教育的平衡点，使学生在求学的道路上不但通晓专业知识，更要塑造健全的品格，努力成为德智体美劳全面发展的社会主义建设者与接班人。

（二）课程思政的内容重点

课程思政的建设内容应围绕以下几个方面进行重点思考与设计，包括推进习近平新时代中国特色社会主义思想进课堂；培养和践行社会主义核心价值观；加强中华优秀传统文化教育；深度开展宪法法治教育工作；塑造与加强职业理想和职业道德等多方面的思想教育工作。

二、首饰史论课程思政的实施方法

（一）加强教师个人课程思政的建设意识

教师是课程思政建设的关键主体。习近平总书记说：“办好思想政治课关键在老师，关键在发挥老师的积极性、主动性、创造性。”作为职业院校专业教师，不仅要在专业能力与素质培养方面严格要求自己，守好一方讲台，做好传授知识的教书匠，更要树立育人意识，以培养和弘扬社会主义核心价值观为思想主导，培育与塑造有品格、有品行、有思想，德智体美劳全面发展的现代大学生。

职业院校教师课程思政建设意识的提升与能力培养不仅要求教师自身人文素养和政治理论水平不断提高，更要求教师有能力将思想政治工作贯穿到教学过程的方方面面。对于个体而言，要做到课程思政建设意识的提升和能力水平的提高，要求专业教师在教学教研活动中多与思政课教师沟通，主动参与专业教学名师所开展的课程思政建设工作，积极参与课程思政相关的教学能力专题培训；从集体角度来说，要做到课程思政建设意识上的增强，就需要健全优质的资源共享机制，教学教研团队建立相关课程思政集体研究小组，依托高校教师网络培训中心或教师发展中心，将专业课程项目中有可能涉及的思政点进行研究研讨，并通过现代信息记录手段，优化整合各种网络资源、线上平台，将整理的相关信息进行共享与共用，发挥群体的力量，将课程思政建设工作进行铺开规划。

（二）结合中国首饰史论课程特点进行课程思政推进

专业课程是课程思政建设的基本载体，首饰史论课程属于艺术学类专业课程。在艺术类专业课程教学过程中要将思政点落在树立正确的艺术观与创作观上，要坚持以美育人，向学生传播中华美育精神，弘扬中华优秀传统文化，提高学生的审美素养，培养学生的文化自信力。

首饰史论课程从课程内容上总共分成三个板块，分别是中国首饰艺术史、传统首饰工艺史和中国当代首饰发展概况，每个板块都有相应的课程思政研究内容：从中国古代首饰发展史的研究学习中结合“文化自信”思想探索并实现课程思政的教学目标；从首饰工艺制作的角度，结合“工匠精神”思想传递课程思政内核；从中国当代艺术首饰发展状况探索中国首饰艺术的发展道路，试以“大国思想”为思政切入点，探讨课程思政的课程实现性。

（三）挖掘课程思政元素，科学设计课程思政实施方案

课程思政的融入不是简单将“课程”加上“思政”，更不是将相关课程思政研究内容在专业课程推进过程中拨出几节课时进行讲授，“课程”与“思政”应当如春风化雨般做到“润物无声”，二者的结合应当是相互协调、相互促进，有机发展的。

中国古代首饰史论课程在课程设计过程中试图结合中国古代文学名著与相关的古画资料进行思政渗透，让同学们在学习相关专业知识的同时能够深刻体会到中国传统文化艺术之美，铸炼中国古代手工艺术之魂。教师试图将课程中所提及的古代首饰作品结合中国古典文学名著或画作，极力做到“所说有所出，所出有典故，典故有态度”。以下为举例分析。

例如，在论述“发饰品从功能性到装饰性过渡”的课程内容时，应该从时间断代、工艺款式、材料材质三个方面进行阐述，但这样的授课方式未免枯燥。课上解决方案第一步——“所说有所出”，要选择相关文学名著《诗经·鄘风》“君子偕老，副笄六珈”，提出相关文学出处后进入第二步——“所出有典故”，此

中典故是出于对“为宣公姜”在当时社会穿衣打扮的奢靡之态进行讽刺与否定。其中“副笄六珈”更能体现其发饰品装饰的铺张肆意。那这种头饰穿戴方式的确立证明了哪些事实。以此可以进入到第三步——“典故有态度”，应用这样一个文学名著片段的目的是让专业内的学生能够体会到：①发饰品从传统功能性为主的时代开始进入装饰性为主的时期转变；②发饰品的佩戴方式与佩戴者的人物身份地位可能有直接的关系；③发饰品所使用的材质材料也发生了改变。在这样的课程设计过程中让学生不仅学习中国古代首饰品款式款种，更能通过本次课程让学生体会到中国传统文化艺术之美，培养学生的审美能力与素养，建立学生的文化自信。

三、结语

笔者在中国首饰史论课程中的思政教学还处于探索阶段，在逐个学期的教学积累与不间断的课程总结之中，本人的确发现这种“所说有所出，所出有典故，典故有态度”的思政渗透式的教学方式更受同学们的欢迎。在课程后期的师生线上沟通中，同学们也谈到对于中国古代首饰品学习收获颇丰，甚至有不少同学因为这门课程开始阅读一些中国古典名著，也有不少同学表示在疫情之后希望能够去一次上海博物馆，亲自感受中国古代工艺之美，这些话语无疑都是令人喜悦与欣慰的。笔者会继续努力建设中国首饰史论这门课程，不断增加个人的专业艺术修养，在课程思政探寻道路上更为积极努力。

参考文献

[1] 殷华英，杨红梅．专业课程开展课程思政的探索与实践 [J]．科技风，2020(6)．

[2] 石书臣．正确把握“课程思政”与思政课程的关系 [J]．思想理论教育，2018(11)．

十四　高职院校师德师风建设有效机制研究

成亚慧

（上海旅游高等专科学校，上海 201419）

2016年12月，习近平总书记在全国高校思想政治工作会议上强调："要加强师德师风建设，坚持教书和育人相统一，坚持言传和身教相统一，坚持潜心问道和关注社会相统一，坚持学术自由和学术规范相统一，引导广大教师以德立身、以德立学、以德施教。"随后中共中央、国务院印发了《关于加强和改进新形势下高校思想政治工作的意见》等一系列文件来提升教师思想政治素质，加强思想政治工作。但效果并不明显。2017年各中央部属高校以及地方院校相继成立党委教师工作部，进一步加强师德师风建设，但部分教师的育德能力和育德意识仍然不强。2019年12月教育部等七部门联合印发《关于加强和改进新时代师德师风建设的意见》（以下简称《意见》），《意见》中规定了师德师风建设的总体目标：经过5年左右努力，基本建立起完备的师德师风建设制度体系和有效的师德师风建设长效机制。《关于全面深化新时代教师队伍建设改革的意见》中提出要"全面提高职业院校教师质量，建设一支高素质双师型的教师队伍"目标。由此可见，加强高校师德师风有效机制建设迫在眉睫。

一、高职院校教师师德师风现状

本课题组通过对教师、学生问卷调研结果、教师访谈记录、职能部门相关数据多维度交叉分析发现：高职院校师德师风情况整体呈良好发展态势，但也存在一些师德失范行为和不良师风现象，具体情况如下。

（一）整体上理想信念坚定，高度认同社会主义核心价值观，部分理想信念模糊，出现“知行不一”现象

理想信念是人们在对真理的坚信与价值认同基础上超越现实、超越自我、坚信未来的稳定的自我意识，在人的精神世界，理想信念是居于支配地位、起核心作用的价值观念，是统率人们意识和行为的精神支柱。习近平把理想信念比作人生的“第一粒扣子”，教师肩负培养伟大事业的合格建设者和可靠接班人的重要责任，假如自身没有坚定的理想信念，不能坚持正确的政治方向和政治立场，就不可能培养出堪当民族复兴大任的时代新人。

高校教师对中国特色社会主义道路总体认同调查，包含 4 个题项，分别从党的指导思想、党的路线方针政策、社会主义核心价值观等方面进行。数据分析结果显示：一方面，高校教师整体上理想信念坚定，拥护党的路线方针政策、认同社会主义核心价值观、认同习近平新时代中国特色社会主义思想；另一方面，部分教师理想信念模糊，出现“知行不一”现象。交叉数据分析显示：部分教师理想信念模糊，没有信仰或者信“命运”。在实际工作中也发现部分青年教师不能准确认知“社会主义核心价值观”内容，甚至出现违反核心价值观的行为，可见高校教师在思想内化和行为外化上需要提升一致性。

（二）整体上遵守教师职业道德规范，部分教师德行缺乏，有师德失范行为

教师的职业特性决定了教师需要具备的道德素养和公众对其道德期待要高于其他职业。合格的教师首先是道德的合格者，优秀的教师应该是道德的楷模。青年阶段是人生的“拔节孕穗期”，教师的职业道德水平决定了整个教育工作的价值方向，高校教师在道德生活中的任何错误，都会对学生的道德成长产生直接的、深刻的错误影响。

通过调研发现高校师德整体情况良好，69% 的学生和 51% 的教师反映“师德总体良好，无突出的师德失范行为”。但部分教师德行缺乏，有师德失范行为，排在前 4 位的师德失范行为是：第一，部分教师敷衍教学，过分看重个人利益，热衷兼职创收；第二，部分教师剽窃他人成果；第三，师生关系冷漠，部分教师不关心爱护学生；第四，个别教师以权谋私，利用师生关系谋取利益。

（三）整体上具备基本职业素养，且教学能力优于科研能力，部分职业素养低，不能满足学生日益增长的需求

有“扎实知识”是教师应该具备的基本职业素养，调研数据显示：教师整体上具备基本职业素养，能完成教育教学科研任务，且教学能力要明显优于科研能力。就教学能力来说，93% 的学生和 85% 的教师认为“高校教师热爱本职工作，教学内容紧密联系学科前沿或行业现状，教学方法多样性，遵循教学规律”。据相关数据显示：高职院校教师教学成果较显著，科研成果不够丰硕；部分教师不能满足学生日益增长的成长成才需求。通过数据发现：部分专任教师不能满足学生对“优质课程”和“师生广泛交流”的需求。学生建议中数量最多的就是“改进教学方法，提升教师教育教学水平”，可见专业教师不能满足学生对“优质课”的需求，另外采用多重响应交叉分析探索不同身份教师在学生交流上的时间显示：思政辅导员、班导师与学生交流最频繁，60% 以上的专任教师、思政理论课教师倾向于与学生不定期交流，不能满足学生对师生沟通交流的需求；部分管理服务岗教师不能满足学生对“优质服务”的需求，30% 以上的学生反映“行政人员服务意识不强”。

（四）整体上师风评价良好，教师争先创优工作积极性正态分布

调研数据显示：92% 的学生认为教师能够做到“为人师表”；83% 的教师和 91% 的学生认为“高职院校师德师风状况总体较好”。采用卡方检验探索参加教学比赛频次与科研投入时间之间的关联，残差分析结果显示，教学积极性高更倾向于科研投入时间长，教学积极性中等更倾向于科研投入时间中等，教学积极性低更倾向于科研投入时间也低，教师工作积极性呈正态发布。

二、学校教师师德师风存在问题的原因分析

引发师德师风不良现象的原因错综复杂，有社会因素、学校因素和个人因素，是多种力量共同作用的结果。师德师风建设是全社会的一个系统工程，社会原因和个人原因不能忽视，但学校是主阵地，师德最终是需要通过学校去培养和涵养的。在学校子系统中，师德师风不良现象凸显在教学、科研、管理等工作中，所以在探究问题原因时也是从学校整体工作角度来加以分析。

第一，权责不清，师德师风协同管理工作机制尚未形成。总体来看，教师工作部成立后，高职院校教师师德师风建设工作一定程度上得到落实与推进，但师德师风不良现象凸显在教学、科研、管理等具体工作中，而这些工作由不同部门交叉管理，存在多头管理、归属不清的问题。尽管部分高校已成立思想政治工作领导小组，也制定了思想政治工作联席会议制度，但二级学院落实机制尚未建立，协同管理机制也不完善。

第二，师德规范尚未内化为教师道德自觉是师德失范的个体原因。高校师德师风培育总体上仍处于一种外在强制的他律状态，没有内化成教师个人意志，一些教师对教师职业规范的内涵，对师德师风建设的重要性缺乏正确认识，缺乏内省自律。首先，师德教育内容缺乏针对性。师德教育内容包括：理想信念教育、师德理论教育、师德规范教育和师德典型教育。教育内容广，且贯穿教师职业生涯始终，比较难聚焦，缺少操作性强的“手册”，让教师一看就明白应该做什么，不能做什么。其次，师德教育方式不够丰富，深化师德实践不够，难以在日常工作中锤炼师德。目前高校师德教育方式主要是理论学习、讲座、座谈等，尚未结合教师喜欢的方式开展教育活动。最后，师德典型宣传力度不够，尚未在全校形成良好的氛围。目前，多数学校已开展“名师”宣传，对默默无闻、普通教师感人故事推送不够，普通老师的高尚师德，更具有普遍意义和可推广价值，对学生的影响更直接。

第三，师德评价和奖惩机制不健全是关键原因。科学合理地评价对提高师德水平具有重要的导向作用。《关于建立健全高校师德建设长效机制的意见》和《关

于加强和改进新时代师德师风建设的意见》都突出强调了健全师德考核和师德激励的重要作用，本次调研结果也进一步论证了这两项机制的重要性。目前，多数学校制定了师德失范处理办法，但缺少完备的师德考核评价机制，思想政治考核缺乏具体的评价标准和量化指标，不会对职称评聘、职务晋升产生直接影响，所以教师不够重视。另外奖惩机制落实还不够，所以部分教师敢违反“准则”。

第四，学校日常管理工作不闭环和监督机制不健全是直接原因。本次问卷调研中，部分师生反映少数教师有失德行为。在实际工作中也发现，学校日常管理制度基本健全，但落实具体工作时，职能部门之间、职能部门和教学单位之间日常管理中尚未形成管理闭环，加之缺少有效监督，导致少数教师敢违反“准则”。

三、加强学校师德师风建设路径

完善师德师风建设体制机制，能将制度优势转化为治理效能。

第一，完善师德师风建设工作机制。高校师德师风建设工作既要依托党委教师工作部的“攻坚作战”，又要取得相关职能部门的“协同配合”。一方面，高校师德师风工作要依托党委教师工作部进行专项实施。明确党委教师工作部在师德师风建设中的牵头主导地位，成立思想政治工作领导小组（已成立）和工作小组，落实思想政治工作联席会议制度，形成学校党政领导亲自谋划、党委教师工作部牵头主导、相关职能部门协同配合的领导体制和工作机制。另一方面，制定《关于完善校院两级师德师风工作体制机制建设的指导意见》，落实二级学院在师德师风建设工作中承担相应的职责。高校教师师德师风建设工作需要从“单一作战”转向“协同应对”，党委教师工作部牵头搭建教师师德师风协同推进平台，使教师师德师风建设与党建、人事、教学、科研、学生等工作协同，共同开展内涵丰富、形式多样、各具特色的师德师风实践活动。

第二，完善师德师风日常教育和宣传机制。分层分类开展师德专题学习教育活动。面向全体教师，组织深入学习《新时代高校教师职业行为十项准则》等师德规范并开展警示教育；面向研究生导师，进行《研究生导师指导行为准则》等相关文件解读；面向新入职教师和专业技术职务晋升的教师开展加强新时代师德师风建设专题网络培训；结合教师发展需求，开展师德榜样宣传活动。坚持“四有好老师”标准，强调教师教书育人、敬业修德的基本价值遵循，选择树立在教学、科研、管理等方面优秀教师典型。通过学校公众号、教师工作部网站开展线上宣传，举办线下优秀“教师风采展”，充分发挥先进教师在教师队伍建设中的引领作用。

第三，细化各类考核评优体系中师德评价指标，建立教师荣誉体系，完善奖惩制度。一是强化师德师风在教师职称评聘、评优评奖工作中的考核观测点，将定性评价和定量分析结合起来，细化各类考核评优体系中师德评价指标，强化师德师风在教师职称评聘、评优评奖工作中的考核点，真正落实师德师风第一标准。二是建立教师荣誉体系。通过访谈发现，教师们比较希望建立教师荣誉体系，这既是荣誉也是约束。学校要进一步完善教师荣誉体系，其中包括：实施意见、实施办法、成立荣誉体系评选小组，设立教学贡献奖、科研贡献奖、管理贡献奖等奖项，以后市级及以上综合类荣誉称号，优先从学校荣誉体系的获奖者中推选。严格落实师德失范处理办法，情节严重、影响恶劣的教师要实施“退出机制”，以儆效尤。

第四，学校日常管理形成闭环，建立师德师风监督平台、反馈机制和追责机制。首先，是完善学校日常管理制度，形成管理闭环。汇总“师德榜样”特征指标和师德失范 10 个行为，建立师德师风正反两面“监测点”，反馈给师生，让师生知道哪些行为是社会推崇的，哪些行为是违规的，从而“择其善者而从之，其不善者而改之”。其次，教师工作部加大和纪检监察部门合作，利用学校现有的“兼职纪检员”制度 +“纪检监察月报表”制度，建立师德失范行为的日常监督体系，形成教师“不敢违反规则、不想违反规则、不能违反规则”的局面，抓早抓小，加强教育，以防酿成严重后果。

第五，进一步完善师德师风建设保障制度。一是学校完善各类人员考核体系。考核是教师工作的风向标，要想改变师德师风中教师“重科研、轻教学”“重教书、轻育人”的现象，就要适当调整教师评价考核指标，完善教师评价体系。二是完善各类人员的专业技术职务晋升制度。通畅的职业晋升渠道有助于调动教师积极性。部分高校高级专业技术职务聘任中新增了“教学型”“党委”系列的副教授类型，完善了专业技术职务评聘体系。其他人员的晋升制度也有待进一步推动。各职能部门和学院要联合搭建平台助力教师发展，如人事处落实落细“青年教师助教”等。三是帮助教师解决实际生活困难。学校在推进师德师风建设工作过程中，既要讲明“大道理”，也要办好“困难事”，切实关注教师的需求，尤其是青年教师工作和生活压力都很大，尽可能为教师提供安心静心舒心的从教环境。

参考文献

[1] 魏影．高职院校师德师风考评体系探究与实践——以苏州市职业大学为例 [J]．职业技术教育，2020(23)．

[2] 袁进霞．高校师德师风存在的问题及对策研究 [J]．学校党建与思想教育，2017(2)．

[3] 刘予东．高职院校青年教师师德建设 [J]．教育与职业，2018(11)．

十五　立德树人视域下中职公共基础课程教师师德师风建设的现实困境与推进策略

王家琴

（上海市高级技工学校，上海 200437）

摘要：中等职业教育中，公共基础课教师立德树人直接关系到中等职业教育立德树人、内涵式发展和课程建设的发展目标。当前，中职公共基础课教师师德师风建设仍存在教师“育人模式”与“学生诉求”的矛盾对立、“课堂虚浮”与“评价方式僵化”的双重裹挟、“师德缺失”与“形式主义作风”的同向而击等现实困境，必须通过推进“以德育德”“以规立德”“以文化德”等策略加强师德师风建设。

关键词：立德树人；中等职业教育；公共基础课教师；师德师风；职业道德

学高为师，身正为范。师德师风建设直接关系社会主义教育事业的成败以及人才培养质量的高低，理所应当成为落实立德树人根本任务的关键一环。十八大以来，党和国家高度重视教师师德师风建设工作，召开的一系列重要会议及出台的相关政策文件，聚焦在师德师风建设这一深化教育综合改革的风向标上。如在《关于加强和改进新时代师德师风建设的意见》中明确立项，“要把立德树人的成效作为检验学校一切工作的根本标准，把师德师风作为评价教师队伍素质的第一标准”。因而作为职业教育重要组成部分的中等职业教育，如何基于立德树人这一教育理念基础上，透视出当前中等职业教育师德师风建设的现实困境，从而探讨出新的中职教师师德师风建设的推进策略。

一、缘由寻证：中职公共基础课教师师德师风建设的必要性

立德树人既有助于引领新时代职业教育内涵式建设目标的达成，也有助于促进职业教育师德师风建设行稳致远。因而围绕立德树人教育根本任务，作为职业教育重要组成部分的中等职业教育，中职历史教师师德师风的建设具有必要性和重要性。

（一）立德树人教育理念的客观需要

“立德”与“树人”从来不是无联系、无因果的关系，相反是相互依存的整体，“立德”是“树人”的前提基础，“树人”则是“立德”的指向和最终目标。社会的发展从来是需要德才兼备的人才的。十八大以来，党和国家不断深化对教育本质论的认识，将立德树人教育理念提升到新高度和新层次，多次就立德树人成为教育发展理念提出不同理论论断，更突出强调立德树人在我国教育发展中的重要地位，明确立德树人是学校教育立身之本的价值导向，从而逐步将立德树人理念上升到国家教育发展的战略地位。因而，中等职业学校的师德师风建设是指向立德树人教育理念的教育根本目标的，是社会主义职业教育深入贯彻落实立德树人教育理念的重要一环。

（二）中等职业学校内涵式建设的现实需求

针对我国职业教育社会认可度低、职业教育办学水平能力与发展潜能不足的问题，近些年，党和国家通过各种手段推动职业教育的高质量发展。尤其是2022年4月出台的《中华人民共和国职业教育法》明确提出“推动职业教育高质量发展，提高劳动者素质和技术技能水平……坚持立德树人、德技并修”，这为推动职业教育内涵式发展提供了法律保障和法律依据，有利于提高职业教育的

办学能力和办学水平，实现职业教育内涵式建设的发展目标。然而推动职业教育内涵式建设需要一支师德师风高尚的人才队伍。因此，作为职业教育重要组成部分的中等职业教育，学校所有教师的师德师风建设理应成为职业教育内涵式发展的重要途径，关系着整个职业教育的现代化建设水平。

（三）中职公共基础课地位的重要性

中等职业学校公共基础课是促进学生德智体美劳全面发展的主阵地，是中等职业教育课程体系中重要的一环。学生文化素质和综合职业能力的提高是中职学生学习专业课程的前提和基础，也是培养学生良好的职业道德、精益求精的工匠精神及创新能力的重要途径。特别是思想政治、语文、历史是意识属性形态较强的课程，这三科课程标准以习近平新时代中国特色社会主义思想为指导，着力加强对学生社会主义先进文化、中华优秀传统文化、革命文化的教育，厚植学生的爱国主义情怀。因而从中等职业学校公共基础课的重要地位可以看出，公共基础课教师的师德师风对中职学生正确价值观的塑造具有重要作用，是帮助学生成长为时代需要的高技能高素质人才的最终力量。概言之，必须强化对公共基础课教师师德师风的建设。

二、问题透视：中职公共基础课教师师德师风建设的现实困境

从现实来看，职业学校教师立德树人存在一些突出问题，这制约着新时代职业教育教师立德树人的治理秩序。习近平总书记也曾在北京大学师生座谈会上指出：“我们的教师队伍师德师风总体是好的……也要看到教师队伍中存在的一些问题，对出现的问题，我们要高度重视，认真解决。”中职公共基础课教师担负着对学生进行历史教育的任务，在师德师风建设方面有着以下现实困境。

（一）“教师育人模式”与“学生诉求”的矛盾对立

“教师与学生之间存在一种潜在的情感对立与冲突关系，无论这种冲突的程度如何隐而不显，它总是存在的。”中职公共基础课教师承担着对学生进行知识

本位与价值本位的双重任务，是培养中职学生成长为高技能、高素质人才的重要途径。从教师的角度，作为中等职业学校教师队伍组成部分，与其他专业课相比，公共基础课由于课程较多，教师队伍良莠不齐，专业能力要求较高，很多时候育人方式只是单单借鉴普通历史课程的教学方式，采取传统说教形式，脱离职业教育的职业特性和专业特性。从学生角度而言，中职公共基础课教师与之距离感较强，除了课堂说教并无太多接触，这就使得学生难以感受到中职教师的亲切感、亲和力等。双方“各得其所，各取所需”的态度减弱了立德树人实现的可能性。

(二)“课堂虚浮”与“评价方式僵化”的双重裹挟

公共基础课程教师的使命绝不是让学生成为一个行走的知识行囊，而是让学生逐渐发展成长为一株“会思想的苇草”。一方面，当前，中职公共基础课教师大多数时候只重视课时任务是否完成，对于学生知识掌握情况、情感态度的指标达成、目标价值的实现却知悉较少，学情被 “边缘化”。教师不能深入教材、理解教材、取意教材，甚至“多媒体滥用”，教学主题不明、思路不清，致使课堂教学过程中存在浅层化、碎片化的教学活动，无法真正将课堂教学中丰富的教育内容转化为中职学生接受深刻思想教育的内容，从而造成课堂教学中立德树人理念难以真正落实。另一方面，中等职业教育的教育评价方式与普通高中注重升学不同，大多以科研、竞赛为参照物，对接职称晋升、薪酬奖励等利益诉求，尤其这种评价方式对作为开卷考试的某些公共基础“考查课”教师而言是极其不利的，“僵化的评价方式”使得新设的课程处于尴尬地位，削弱了教师的职业积极性。

(三)“师德缺失”与“形式主义作风”的同向而击

教师是一个光荣而神圣的职业。然而部分教师师德师风却缺乏自律，行为失范，育人意识淡薄。表现在中职公共基础课教师身上则有政治道德较弱，职业道德丧失，育人观念淡薄的缺点，从而扭曲学生的人生观。为避免所谓的“师德缺失”过失，部分中职公共基础课教师高举立德树人教育大旗，教育教学过程中注重表面工作的“配合”却不理解真正政策的内涵，对师德师风中立德树人的隐喻、真谛与使命等认识不清，从而造成碎片化的教学言论，无法形成整体的教学成效，给师德师风的建设带来迷惑指向，严重阻碍职业学校师德师风建设的推进。

三、路向探新：中职历史教师师德师风建设的推进策略

在立德树人视角下，中职公共基础课教师立德树人实践中出现的诸多问题阻滞了育人价值的有效释放，映射出当前中等职业学校公共基础课教师师德师风建设亟待推进，让教师良好的师德师风对学生进行积极的引导，促进学生德育素养的发展。

（一）以德育德：提升教师职业道德的自觉性

“师德师风建设本质上是一种主体性活动，归根结底要通过教师的道德自觉加以贯彻和体现”。提升中职公共基础课教师道德自律的自觉性，使其在不断体察感悟和反省纠偏中实现对立德树人的内化感知，是立德树人目标实现的题中之义。具体而言，就是引导教师逐步实现由“师德底线”向“师德标杆”的价值观转变。立德树人的道德自觉来源于教师教育教学活动中，来源于学校和社会给予的职业荣誉感。因而，中职公共基础课教师要不断加强自我学习、自我教育，提升自身专业素质和专业能力，树立自身正确政治道德观，这样才能通过课堂教学和各种形式的活动，深刻理解感受中华民族优秀文化和历史价值观，迸发出真正的教育激情，从而激发教师的育人情感和职业感，从而使其发自肺腑地将传道授业解惑内化为对立德树人要求的自觉坚守。

（二）以规立德：保障中职育人机制的规范性

明确的规章制度使得中职公共基础课教师育人机制具有规范性，是稳步推进中职教育立德树人的重要抓手。实现高校立德树人建设的常态化和规范化，需要来自国家、学校和教师自身的多方联动协同，无论是国家层面还是学校自身，都要制定出符合立德树人理念的师德师风法律法规制度，保障中职公共基础课教师育人机制的规范性，建构出“国家政策指引—学校完善落实—教师严格执行”三

位一体的立德树人成效提升机制。为此，国家教育部在《关于进一步加强和改进师德建设的意见》中进一步指出，要加强制度建设，建立师德建设工作评估制度，构建科学有效的师德建设工作监督评估体系。2022 年 4 月，国家出台的《中华人民共和国职业教育法》第三十八条规定“职业学校应当加强校风学风、师德师风建设，营造良好学习环境，保证教育教学质量”。各个职业学校也应根据国家法律法规制定和具体学校校情推出各校的师德师风制度，以及各种奖惩制度约束教师行为，从而保障中职育人机制的规范性。

（三）以文化德：弘扬师德师风文化价值的引领性

“文化作为一种传递生命价值的复合系统，承载着集体成员共同信守的价值目标，培育着集体成员对场域结构的认同感”。立德树人并不是要剥夺中职公共基础课教师的自主权，而是在理解、认同与赏识中释放主体间的德行价值，实现感性教化的内化变革，形成全员育人、全方位育人的环境氛围。这就要求学校，首先，不断深挖立德树人所承载的文化要素，并将其全方位融入校园文化，如开展立德树人文化讲坛、师德师风建设报告会等形式多样的文化共建活动。其次，应发挥大数据和人工智能的优势，建立“互联网 +”的立德树人宣传平台，通过微信公众号等网络平台定期推送相关政策文件、典型案例和心得体会，充分发挥网络平台的超时空互动优势，共同构建积极向上的校园舆情生态。最后，加强高校教师立德树人的榜样教育和警示教育，将主流文化在榜样和警示教育的宣传引领中塑为教师基本行为规范，从而为公共基础课教师打造出优秀的师德师风文化氛围。

四、结束语

中等职业学校公共基础课教师师德师风建设是职业学校教师发展的永恒主题，是提升教育教学质量和培育高素质、高技能人才的必然要求。在新时代背景下，加强职业学校师德师风建设必须始终站在立德树人的立场，充分理解立德树人的内涵，根据立德树人的新时代要求创新师德教育长效机制，筑牢思想根基，更新教书育人理念，优化师德建设环境，真正把立德树人落到实处。

参考文献

[1] 教育部等七部门印发《关于加强和改进新时代师德师风建设的意见》的通知［Z］. 2019-12-16. http: //www. moe. gov. cn/srcsite/A10/s7002/201912/t20191213_411946. html.

[2] 中华人民共和国职业教育法 [N]. 人民日报，2022-04-21(13).

[3] 习近平 . 在北京大学师生座谈会上的讲话 [N]. 人民日报，2018-05-03(2).

[4] 陈秀玲 . 现象与阐释：言语冲突下的课堂场域透视［M］. 武汉：华中师范大学出版社，2017: 115.

[5] 陈亮，杨娟 . 新时代高校教师立德树人的逻辑框架与推进策略 [J]. 高校教育管理，2021, 15(4)：13-25+53.

[6] 徐曼，刘博 . 培育文化自信与引领社会思潮的耦合关系及其运行理路 [J]. 西北工业大学学报（社会科学版），2020(4)：10-17.

十六　浅析高校教师政治理论学习存在问题及改进路径

李云飞[①]

（上海工艺美术职业学院，上海 201808）

摘要：教师作为落实立德树人根本任务的责任主体和实施主体，是高校坚持社会主义办学方向的关键环节，而政治理论学习对高校加强教师思政素养和师德修养具有重要意义。本文从管理机制、态度认识、渠道内容等方面浅析了高校教师政治理论学习存在的问题并提出了相应的改进路径。

关键词：高校教师；政治理论学习；路径

教育大计、教师为本。教师作为落实立德树人根本任务的责任主体和实施主体，是高校坚持社会主义办学方向的关键环节。习近平总书记多次指出，传道者自己首先要明道、信道。高校教师要坚持教育者先受教育，努力成为先进思想文化的传播者、党执政的坚定支持者，更好担起学生健康成长指导者和引路人的责任。政治理论学习作为高校加强教师思政素养和师德修养的重要内容，是打造高素质教师队伍的重要保证，更是保证教师自觉践行立德树人根本任务的重要手段。

---

① 李云飞，男，硕士研究生，研究方向：教师思政、师资管理。

一、高校教师政治理论学习存在的问题

（一）缺乏有效的学习管理机制

虽然高校都将政治理论学习作为思政工作的重要内容之一，但这种重视程度一般都体现在对党员干部群体的要求上，如果把视角扩展到教师政治理论学习，就会发现由于缺乏硬性指标和刚性要求，无论在组织机制还是在制度规范上往往存在缺失。相关责任部门之间权责不清、界限不明，在管理主体、内容方法等方面未能形成协同，工作中对教师政治理论学习要求体现不明显，相关各种保障措施难以落实到位，一些管理制度的可操作性较低。一些具体的工作要求在校级、职能部门、二级院系、基层党支部之间重视程度层层递减。这就导致教师政治理论学习容易缺乏计划性，工作开展的主观能动性较差，执行力较为松散，有时是以完成基本任务为主，学习日常督查考核不到位，工作实效性有待提升。

（二）教师对政治理论学习的重视程度不够

在教师群体中客观存在政治理论学习是走形式过场的不良认识，造成这种现象的原因主要有两个方面。首先是功利化思想导致的不重视，目前大部分学校在绩效奖励、职称评审等环节采取的是以教学成绩、科研成果为主的评价方式，而政治理论学习因为缺乏评价标准，难以量化考核，并未对教师的切身利益产生直接影响。大多数学校也因为没有直接影响到正常教学工作，一般采取“睁一只眼闭一只眼”的管理态度，以至于学习流于形式，这种现象久而久之就使得教师形成了一种理论学习无所谓的思想。其次是对理论学习的不认同，部分教师并未理解立德树人这一根本目标的内涵，认为政治理论学习只有党员干部需要参与，自己只需单纯地完成教学任务即可，为党育人为国育才的责任感与使命感不强。更有甚者在经济市场和网络信息等多重因素的影响下，标榜所谓的独立思考，对理论学习的内容提出质疑，政治意识匮乏。

（三）学习的渠道和内容较为单一

传统政治理论学习多采用“我说你听”的教育传达模式，往往是几百人坐在

一起开大会、听报告，一次学习占用时间过长，交流互动又很少，不符合人吸收和接纳新知识的客观规律，学习效率低下。当理论学习落实到基层时，一般也是在接到上级要求后临时组织，形式无外乎读文件、写心得等照本宣科、草草收场，学习的实效性不佳。与此同时，大多数高校在开展学习时缺乏针对性，未能有效区分不同学习群体的真实需求，采取“一勺烩”的形式组织对理论知识、原著原文的学习，这对于没有较强文史哲学习背景的教师就显得内容枯燥，缺乏感染力和吸引力，使教师不能正确理解学习的目的和意义，甚至会产生抵触心理。

二、高校教师政治理论学习的改进路径

（一）健全学习的组织机制

要形成宏观的教师政治理论学习工作观念，明确教师的政治理论学习工作绝不仅仅是某一个管理部门的职责，而是需要众多职能部门充分参与、高效协作，划好、守好各自的“责任田”。例如，宣传部要抓好党员群体的常态化学习，组织部门要做好新发展党员的理论素养提升，人事部门要落实对新进教师的入职教育，外事部门要经常性对外籍教师、海归群体进行国情教育，学工部门要做好辅导员群体的理论学习工作。同时，要打通各级党组织“纵向到底”的工作脉络，二级党组织要切实履行责任，既根据学校部署做好规定政治理论学习动作，又结合本部门情况主动开展、精心设计自选动作。基层党支部要发挥在教育、管理、监督党员，组织、宣传、凝聚、服务群众的功能和作用，真正成为开展政治理论学习的战斗堡垒。最后要将厘清的教师政治理论任务分工、学习机制等形成工作制度，保障学习常态化、规范化、实效化。

（二）改进和拓展学习的方法路径

要站在教师的位置去思考学习项目设计，充分考虑教师日常教育教学任务重的现实因素，分析不同教师群体的理论学习需求和思想特点，紧跟时代潮流开展形式灵活多样化的教育培训。例如，用好网络课程等新技术手段知识全面、内容

权威、时间灵活、考核方便等特点，促进教师利用碎片化学习；改进传统讲座“大锅饭”的学习形式，多开设一些人数少、内容精、互动多的“小讲堂”，使学习取得更好效果；可采用“知识竞赛”“社会实践”等趣味度高、竞技性强的活动类学习方式，能够较好地激发教师的理论学习热情和团队意识；经常性地举办思政类“学术讨论”“教学论坛”“集体备课”等方式，注重促进教师之间的沟通和交流，探讨理论知识融入课程思政育人体系的路径，打磨思政“金课”，切实做到学以致用。最终通过对培养的方式方法有效创新，形成一套喜闻乐见、乐于接受、潜移默化的模式体系，将培育工作落实到日常工作与生活中，做到“因事而化、因时而进、因势而新”，以提高教师参与思想政治教育活动的积极性和主动性。

（三）在丰富学习内容上下功夫

在选取学习内容时，既要组织好理论原著、原理学习的规定动作，又要避免学习内容的千篇一律、僵化无趣。要看到教师政治理论学习的最终目的是完成立德树人和培养社会主义建设者接班人的根本任务，学习的务实性、实效性是关键。要注重将理论学习同办学特色相结合，分析不同层次、不同类型、不同岗位教师群体的需求特点，以专业为切入口寻找兴趣和共鸣，针对性地安排学习内容，做到精准施策。例如，艺术类院校可以多开展解读国家文化传承、城市升级等相关政策的学习讲堂，分析国家改革发展与专业教学方向之间的关系，使教师明白自身发展的定位在哪，教书育人的方向在哪，帮助教师将理论武装头脑的成果转化为课堂教学本领，最终使政治理论学习成为教师发自内心的需求和认同，逐步变为“主动学、自主学”，真正成为教师自我发展、终身发展的重要途径。要注重归纳和总结学习中能够激发教师学习热情和兴趣的好内容、好题材，形成与教师实际工作紧密结合的学习计划和学习方案，促进政治理论学习常态化。

（四）发挥好考核的指挥棒作用

把加强和改进教师政治理论学习纳入相关职能部门、院系的绩效考核和各基层党组织“三大主体责任”考核，探索每月提交一次工作情况纪要、每学期开展一次考核、每年度进行一次专项汇报的督办督查机制，以促进职能部门和院系认真落实教师政治理论学习要求。将教师参与政治理论学习的评价结果与绩效考核、年度考评、职务晋升、评优奖励等方面结合，并将思想政治素养水平作为评价教师综合能力的主要标准，从制度和机制层面对学习进行规范。考核后及时将发现的问题向教师反馈，并采取针对性举措帮助教师提高认识、加强整改，最终通过考核树牢教师的理论学习意识。要制定指标清晰、过程规范、公平公正的考核评价办法，始终将教师放在考核的主体地位，确保最终考核结果真实有效。

综上所述，高校应立足于本校的师资队伍特点、专业建设情况和人才培养需求等工作实际，在教师政治理论学习方面进行全方位的尝试，逐步探索出一套目标清晰、结构合理、内容丰富、重点突出、符合校情的学习培养模式，帮助教师将理论知识学懂弄通、入脑入心，切实增强师德师风建设的实效性与长效性。

参考文献

[1] 栾绍兴，郑容坤．创新高校教师政治理论学习有效路径 [J]. 党政论坛，2019(4)：43-47.

[2] 徐佩锋．高校教师政治理论学习的现状与对策研究 [J]. 教书育人，2018(11)：44-46.

[3] 张喜桃．新时代高校如何加强教师政治理论学习 [J]. 湖南科技学院学报，2018(7)：72-73.

十七　课程思政背景下中华优秀传统文化融入高职包装工程专业课程教学的研究

——以“包装材料学”课程为例

袁善美[①]

（上海出版印刷高等专科学校，上海 200093）

摘要：中华优秀传统文化是中华民族的文化根脉，蕴含了丰富的思政元素。将传统文化有机融入包装工程专业课程中，有助于丰富专业课程思政的教育内容，提升专业育人质量。本文针对课程思政背景下目前我国高职包装工程专业教学中存在的主要问题，分析了中华传统文化在包装工程专业人才培养中的意义和必要性，并以“包装材料学”为例，确立了以中华优秀传统文化为根基，利用中华优秀传统文化塑造学生正确价值观，实现课程思政的教育目标，具体研究了中华优秀传统文化融入包装工程专业课程的实践路径。为发挥中华优秀传统文化在专业建设中的作用，实现中华优秀传统文化的教育价值提供新思路。

关键词：课程思政；传统文化；包装工程；专业课程教学

① 袁善美，女，工学博士，研究方向：绿色包装、高职教育教学。

一、前言

“培养什么人、怎样培养人、为谁培养人”的问题关乎党的事业和国家命运。2020年6月，教育部印发《高等学校课程思政建设指导纲要》，以纲要的形式明确了课程思政建设的总体目标和重点内容。课程思政建设的主要内容包括核心价值观教育、理论路线学习、修身教育和法制教育四个方面。核心目标是引导大学生树立正确的世界观、人生观、价值观，因此，职业教育教学需要将正确的三观引导融入专业知识的传授和能力的培养中。

中华优秀传统文化中包含着丰富的思政教育元素，高职院校的思想政治教育可以将中华优秀传统文化作为根基，将其与课程思政结合起来。利用中华优秀传统文化塑造正确价值观，从之前单一的思政课程教育拓展到专业课程的教学中，让专业课程具有思想政治教育功能，使中华优秀传统文化能够在高等教育体系中进行全方位的浸润渗透。让学生在传统文化的滋润下成长，实现课程思政的教育目标。

对于包装工程类专业课程的教学，要善于利用包装工程专业交叉性工科的定位和特色，根据课程思政的方向和教学要求，挖掘中华传统文化中蕴含的思政元素，将中华优秀传统文化与专业知识有机融合在一起。培养学生正确认识、分析和解决问题的能力，达到全方位育人的目的。

二、中华传统文化在包装工程专业人才培养中的意义和必要性

目前，高职院校教学中针对学生传统文化素养的提高未能得到重视。据调查，高校包装工程和印刷工程专业均鲜有开设传统文化相关性课程。一些知名高校的人才培养模式直接影响着全国相关专业教育方向，其大量的毕业生在未来的岗位中也往往居于行业重要位置，他们的思想理念往往也引领甚至决定着该行业未来的发展方向。在这种背景下，包装类专业教学中重视学生传统文化内涵的培养，显得尤为重要和紧迫。

（一）培养正确价值观

在新媒体信息技术迅速发展、不同思想文化交织的环境中，高校课程思政需要更加注重对中华优秀传统文化的传承与发展。教师应激发学生探索中华优秀传统文化的热情，引导学生挖掘中华优秀传统文化的历史底蕴。通过自主学习、合作探究等方式深化对中华优秀传统文化内涵的理解，并将文化要素与专业知识联系起来思考，使观念的发展与知识的增长同步。

另外，在传统的学科教学课堂中，学生看待专业知识的视角单一，对学科知识的理解浅显，部分学生在学习专业知识后并不知道如何将其应用在现实生活中，对专业知识的现实价值认知模糊。将中华优秀传统文化融入学科教学课堂能够开辟新的教育路径，为大学生提供创新学习方式、看待专业知识的新视角，逐步搭建起中华优秀传统文化、社会主义核心价值观与各学科专业知识之间的桥梁。学生价值观的形成受到多种因素的影响，灵活应用中华优秀传统文化，升华课程思政内容有助于大学生形成正确价值观。

（二）培养民族自信心

文化自信是民族自信的重要组成部分，在各学科的教学课堂中渗透中华优秀传统文化，能够培育大学生的文化自信心。将中华优秀传统文化渗透在课程思政中有助于抵制大学生错误思想的影响，深化对我国现实国情的认识，自觉发展成为实现中华民族伟大复兴的中国梦的一分子。

学生只有具有坚定的文化自信，才能在纷繁复杂的网络世界中辨别不同思想文化的本质，吸收正确的思想观念，发展自我并自觉排除错误思想的干扰，形成健全的价值观。

（三）提升职业素养

对于高职院校人才培养的本质目标是培养与社会发展和岗位需求相匹配的高精尖人才。当今社会对于人才的综合品质要求不断提高，因此提升学生综合职业素养，培养学生的创新精神和实践能力，增强学生的职业适应能力和可持续发展能力显得尤为重要。让学生在接受传统文化熏陶和引导的同时，思考个人人生发展方向，确定努力目标。在这个过程中不但提升了学生的专业知识技能，也锻炼了学生强大的耐心、毅力与责任感。为更好地步入社会，做一个优秀的社会人打下基础。

三、中华优秀传统文化融入包装工程专业课程的实践路径

通过教学实践将优秀传统文化资源融入专业教学，我们要实现坚定政治信念、坚守政治信仰、立德树人、为党育人、为国育才这一主要目的。领悟中华优秀传统文化资源中与专业课程相契合的内容，并充分利用中华优秀传统文化的思政资源与专业课中的思政元素并将之有效整合，挖掘中华优秀传统文化内涵，实现课程教学中的知识传授与价值引领的统一。在实际教学过程中，必须根据不同类型课程内在的特点和优势，主动建立课程内容与传统文化之间的联系，深入发掘传统文化相关的教育资源，从而发挥其在课程中的育人功能。

“包装材料学”课程主要讲授纸、塑料、玻璃、金属、复合材料等包装材料，同时向学生介绍环保与包装之间的关系。在课程教学过程中，要注重深刻挖掘教学内容中的思政元素，将思政内容与课程内容相融合。

（一）深挖专业体系思想价值，有机融入传统文化

提炼中华优秀传统文化的内涵，围绕中华优秀传统文化的核心内容设计课程思政教育体系，将专业知识教学和思政教育结合起来，体现中华优秀传统文化的独特之处，并给学生带来新颖的学习体验。

在课程教学过程中，结合包装专业和“包装材料学”课程的特点，将包装工程专业教育与核心价值观教育互融共进，将中华优秀传统文化与课程教学交融，将专业职业操守和职业道德教育融为一体，努力提高思政教学水平。比如，在纸、塑料、玻璃、金属、复合包装材料等主要包装材料的章节教学内容中，将社会主义核心价值观与教学内容相结合，将各种包装材料的发展历史和应用与中华传统文化相结合，将职业素养与课程教学内容相结合，培养学生的职业道德修养；增

加绿色包装材料等章节的学习内容，将生态文明建设理念融入其中，使学生理解环境保护及生态文明建设的重要意义。

（二）创新教学方式，挖掘有效途径

采用混合式项目化教学，打破传统的以教师为中心的教学理念，以具体的生产任务和岗位需求为载体，形成以“教师为主导、学生为主体，行动为导向”的教学模式，强调“学中做、做中学”，学生在教师的指导下，通过线上线下自主学习、小组讨论、分工协作，与教师共同参与实践全过程，激发学生的学习主观能动性，更好地吸收专业知识，提升专业技能。

1. 案例式教学

采用故事的方式激活文本、大国工匠的案例阐述工匠精神的内涵，用声情并茂的讲解增强思政课的感染力，提高学生对中华优秀传统文化的认知，进而提升思政课教学的实效性。

2. 参与式融入

运用契合思政课主题教学的中华优秀传统文化，设计主题化思政教育活动，开展包装相关的展览及包装相关案例的收集、传统文化微视频的制作等参与式活动，使学生感悟、了解、掌握中华优秀传统文化。

3. 趣味式体验

数字化信息时代，学生们从小接触更多的信息化产品，可以利用“云直播”、VR 技术、全息技术等新技术，开展一系列沉浸式活动，使学生感受中华优秀传统文化的魅力，从而有利于中华优秀传统文化与高校思政课教学的深度融合。

4. 信息化教学

在信息化背景下，现代学生的学习习惯发生了重大改变，主要表现为移动化、碎片化和视听化，更加注重信息量、互动性和趣味性，关心学习进度的量化结果。这些特征都是构建学习体验模式时的重要参考点。

基于智慧职教等网络平台，探索构建混合式翻转课堂等多种教学模式。在这一教学过程中以学生为主体，利用资源库中丰厚的资源，增加课前、课后学习比例。提高学生在线学习时长、提交作业情况、互动次数、小组成员的团队协作情况。通过多角度评价实时掌握学生的学习情况，有助于对学生开展针对性教学。

（三）改革考核方式，多维科学评价

传统的教学模式是以知识理论体系为线索，注重知识系统的完整性和系统性。随着科学技术的不断进步，各工作岗位对人才类型的需求也随之发生变化。高等职业教育以向社会输出高等实用型人才为导向，必须进行人才培养模式的改革。

因此，课程考核也应当进行改革，具体如下：①采用“过程性评价”与“终结性评价”相结合的多元化评价方式；②结合学生自评、小组互评、教师总评，让学生们参与到考核的过程中去，全程了解自己的学习情况；③由传统的以“理论考核为主”转变为以“理论考核及实践操作能力为主”；④使学生从“死记硬背”的传统学习方式中解放出来，发挥学生自身的主观能动性和创造性，达到“学以致用”的目的，实现高等职业教育的初衷。

通过匹配设置激励性、互动性、侧重性的评分体系，做好课程评价基础工作。课前通过自学并完成导学测试，课中通过课堂测试及表现，以及组内自评及组间互评，邀请企业导师从现场工作的角度进行评价，促使学生反思提升。课后通过平台交流等方式进行评价。做到课前引导学生学习，课中引导学生训练，课后引导学生提升，及时督促进度落后的学生，适当调整教学环节，不断优化教学方法和手段，从而圆满达成教学目标。

（四）建设教学资源平台，助力专业教学

组建课程思政专业化研究团队，建立起中华优秀传统文化故事库。筛选中华优秀传统文化中具有深刻思政教育意义的故事，对其进行合理改编，使之能够被应用于专业教学课堂中。

另外，采用微课、技能视频、虚拟仿真等现代信息技术下的教学资源，整合完善适合本专业课程的教学资源，优化现有的教学平台，辅助完成教学任务。

四、总结

将中华优秀传统文化融入包装工程专业课程思政教学中，根据专业人才培养方案的要求，结合专业课程的内容和需求，把中华优秀传统文化的精神实质转化为适合包装工程专业课程思政教学的教学资源，利用中华优秀传统文化塑造学生正确价值观，提升学生综合素养，实现课程思政的教育目标。

参考文献

[1] 潘昱州，龚珍旭．中华优秀传统文化资源融入高校思政课的三重向度 [J]. 学校党建与思想教育，2022(677)：61-63.

[2] 刘文涛，段瑞侠，黄淼铭．包装专业英语课程思政教学实践初探 [J]. 包装工程，2020, 41(1)：59-62.

[3] 王海文，李杰，万晓霞．印刷包装专业“四创教育”人才培养模式研究 [J]. 数字印刷，2019(3)：105-108.

[4] 李爽．高校课程思政建设中存在的主要问题及应对策略研究 [J]. 东北师大学报哲学社会科学版，2021(5)：137-144.

[5] 丁洁，范丽娜，肖闯．新时代高校课程思政建设的现实困境与实施路径 [J]. 当代教育论坛，2021(5)：109-115.

[6] 任宁．中华优秀传统文化融入高校课程思政的价值与实践路径 [J]. 继续教育研究，2022(8)：101-105.

十八　新形势下中职职业学校行政管理人员师德师风建设的几点思考

辛利娟

（上海新闻出版职业技术学校，上海 200431）

摘要：为深入理解中职职业学校师德师风建设，提升中职职业学校行政管理人员师德师风素养水平，本文基于职业教育发展的新形势和新要求，立足行政管理人员岗位职责和工作特点，通过现状了解和文献调研，提出了关于中职职业学校师德师风建设的几点思考，以期促进中职职业学校师德师风整体水平的提升，为国家全面建设社会主义现代化国家提供有力人才和技能支撑。

关键词：职业教育；师德师风；新要求；行政管理人员；思考

师德师风的建设是每一所学校都需要考虑的问题，它关系着学校整体的教学风气，对学生的学习发展起着重要的影响和促进作用。纵观中职职业学校教育的现状，现阶段大力投入师德师风建设，从根本上提高教学质量才是提高办学水平的优良策略，并以此来形成良好的校园文化氛围，可以更好地促进中职职业学校长远发展。

一、职业教育师德师风发展的新形势

（一）职业教育建设新形势

2022年4月20日，第十三届全国人民代表大会常务委员会第三十四次会议通过《中华人民共和国职业教育法》修订，自2022年5月1日起施行。2022年4月，文化和旅游部、教育部联合发布《关于促进新时代文化艺术职业教育高质量发展的指导意见》（文旅科教发〔2022〕48号），明确要加快推动新时代文化艺术职业教育高质量发展。国家相关政策法规的陆续出台体现出国家对职业教育的重视，也为新时代职业教育高质量发展提出了顶层设计，指明了未来的发展方向。

（二）职业院校师德师风建设新要求

教师是职业教育的中坚力量，而师德师风更是师资队伍建设之根本，也是评价教师队伍的重要标准。从近几年国家相继出台有关政策，进一步说明国家层面在师德师风建设制度体系建设方面也在逐步完善。

2014年9月，教育部印发了《教育部关于建立健全高校师德建设长效机制的意见》（教师〔2014〕10号），明确了建立健全师德建设长效机制五条意见；2018年1月，中共中央、国务院印发了《关于全面深化新时代教师队伍建设改革的意见》，意见指出："落实立德树人根本任务，培养德智体美劳全面发展的社会主义建设者和接班人，全面提升国民素质和人力资源质量，加快教育现代化，建设教育强国，办好人民满意的教育。""突出师德。把提高教师思想政治素质和职业道德水平摆在首要位置，把社会主义核心价值观贯穿教书育人全过程，突出全员全方位全过程师德养成，推动教师成为先进思想文化的传播者、党执政的坚定支持者、学生健康成长的指导者。"2019年12月，教育部联合七部门印发了《关于加强和改进新时代师德师风建设的意见》（教师〔2019〕10号），将师德师风建设从国家层面进行整体部署；2020年10月，中共中央、国务院印发了《深化新时代教育评价改革总体方案》，并在方案中明确指出师德师风应作为教师评价的第一标准。

二、立足行政管理人员师德师风的建设

学校行政岗位是处理日常校务的岗位，行政管理人员主要负责协助处理对外联系，对内协调的工作，行政岗位也是保障学校工作正常运转的重要岗位。综合来看，学校内师德师风建设的对象绝不仅包括专任教师，也包括学校内与学生有接触的行政管理人员，行政管理人员在与学生沟通过程中，其知识储备、专业素养以及职业道德素质会潜移默化地影响着学生的思想和行为，行政管理人员师德师风素养对教育的质量具有重大的影响。因此，立足行政管理人员岗位特点，行政管理人员要注重师德师风建设也是重要的教育环节之一。

三、中职职业学校师德师风的现状分析

通过现状了解和文献调研，认真分析了中职职业学校师德师风现状，也总结出目前中职职业学校几点情况。整体教学环境在逐步改善和提升，绝大部分教师工作认真、严格要求自己，能够按照自己的理想和信念坚持下去。但是，由于各种因素影响，存在少部分教师安于现状、学习精神匮乏，解决问题的积极性和主动性不够强烈的问题，存在极少数教师疏于律己、态度不好等情况。

四、关于中职职业学校师德师风建设的几点思考

习近平总书记指出，教师是人类灵魂的工程师，是人类文明的继承者，承载着传播知识、传播思想、传播真理、塑造灵魂、塑造生命、塑造新人的时代重任。新时代的职业教育建设和发展要围绕以习近平新时代中国特色社会主义思想为指导，深入学习贯彻习近平总书记关于教育的重要论述和全国教育大会精神，把立德树人的成效作为检验学校一切工作的根本标准，把师德师风作为评价教师队伍素质的第一标准，将社会主义核心价值观贯穿师德师风建设全过程，严格制度规定，强化日常教育督导，加大教师权益保护力度，倡导全社会尊师重教，激励广大教师努力成为“四有”好老师。

（一）坚持正确政治方向

加强党对教育工作的全面领导，坚持社会主义办学方向，确保教师在落实立德树人根本任务中的主体作用得到全面发挥，坚定广大教师为党育人、为国育才为理想信念。

1. 坚定理想信念

习近平总书记指出，理想信念是相辅相成的统一体，理想是人们追求的目标，信念是人们朝着这个目标前进的意志和定力。做好教师，要有理想信念。我们的教育是为人民服务、为中国特色社会主义服务、为改革开放和社会主义现代化建设服务的，教师的理想信念应该以这一要求为基准。

新时代人民教师的理想信念，就是要坚定对马克思主义的信仰，对社会主义和共产主义的信念；就是要为人民、为中国特色社会主义、为改革开放和社会主义现代化建设而教书育人，要始终把立德树人作为自己的根本任务，培养德智体美劳全面发展的社会主义建设者和接班人。

2. 厚植教育情怀

学校办教育，应当崇尚情怀。因为，好学校是有境界的，教育需要情怀，教师要有情怀。真正的教师情怀，它不是很具体的东西，看不见摸不到，但能触及心灵，充满人性温度，让人从内心深处感受到。教师应具备的教育情怀包括敬业情怀、教学情怀、学术情怀、道德情怀与家国情怀。

①敬业情怀：教师这个职业是一个平淡而辛劳的职业，而教育却是一项神圣的事业。作为老师，对待教育事业要心怀敬意。

②教学情怀：要让孩子用知识改变命运，让更多的孩子因上学而倍感幸福。通过学习与教育，他们将来能够为国家、为社会多做点贡献，成为一个有善良的品质、有感恩的心灵、有报国的能力的人才。

③学术情怀：教师是一个学无止境的职业，应该用更深远的学术内容、用活力和激情去感染学生、用创新和智慧去启迪学生。

④道德情怀：提高学生成绩靠的是教师的教学技能、教学态度。但影响学生道德品质的，往往与老师本身的道德情操密不可分。

⑤家国情怀：做老师切实的爱国方法就是致力于用学术造就有用人才，将来为国家服务，真正把自身工作与祖国的前途和民族的命运对接起来，这是一种大爱的家国情怀。

3. 严以律己、注重言行

为人师表原意是指在人品学问方面做别人学习的榜样。教师职业道德的为人师表指坚守高尚情操，知荣明耻，严于律己，以身作则。衣着得体，语言规范，举止文明。关心集体，团结协作，尊重同事，尊重家长。作风正派，廉洁奉公。倡导“为人师表”就是要求教师言传身教，以身立教。“为人师表”对教师工作具有特别重要的意义。教师要坚守高尚情操，在各个方面率先垂范，做学生的榜样，以自己的人格魅力和学识魅力教育影响学生。学校的行政工作烦琐、压力大，要以平和的心态、饱满的情绪，真诚地对待工作和生活。在工作过程中要坚持严以律己、增强自身的自控能力。

（二）结合实际，加强培训

行政管理工作是一项烦琐的工作，承担着学校对内、对外协调、服务等工作。在行政管理人员师德师风培养方面，是要通过大量的专项培训，侧重加强其对师德内涵的领悟，要注重创新师德师风建设的培养和方法，在学校的行政管理工作中充分利用师德师风建设的影响和力量，从而在行为举止、工作实践中充分体现出师德师风的素质，同时，积极探索以改善和提高行政管理的效率为契机，使学校每一位行政管理人员都能够更为积极主动地为广大师生解决问题，促进院校育人和管理的全面发展。

（三）明确重点，夯实职责

行政管理人员工作的基础和本质是为广大师生服务，然而行政管理大都采取“指令式”的工作管理方式，要深刻认识到“领导就是服务”“管理就是服务”，明确重点，钻研岗位工作，夯实工作职责，随着信息化时代的不断发展，教育的价值取向也正在逐步转变，调整和促进职业教育的发展，弘扬人文主义精神的社会主义理念，遵循现代化教育的根本规律，切实将职业教育的行政岗位教师的工作岗位职责和培训活动做到定向化和精细化。要积极主动地投入学校教育和管理标准建设中，切实解决工作效率、工作作风、服务态度等问题，必须尊重教育规律，真诚地投入立德树人教育的全过程。

（四）加强重视，完善培养

职业学校也应当积极加强行政管理人员的培养机制建设。

（1）创设行政管理人员交流以及学习的平台。促进学校内以及不同学校内行政管理人员的学习交流，提高行政管理人员师德师风建设的水平以及建设的积极性。

（2）构建行政管理人员培训、学习、活动等方面的规章制度。培养体系能够保障行政管理人员切实了解师德师风建设的内容以及具体环节，令师德师风建设融入学校日常管理工作。

（3）健全相关规章制度。规章制度是学校行政管理人员培养机制正常运行的关键和重要保障，只有以明确的规章制度为准则，才能够真正令行政岗位教师增强对自身行为的监督意识以及自省意识，令行政管理人员在日常工作当中注意规范自己的行为。

五、结语

综上所述，根据本文的分析，职业学校的师德师风建设是一项长期的任务，要切实提升学校行政管理人员师德师风水平，为学校培养思想道德素质高的人才。学校首先应当与教师多方面共同努力，结合目前职业教育新形势，以习近平新时代中国特色社会主义思想为指导，坚持正确政治方向、结合实际、加强培训，明确重点、夯实责任、加强重视、完善培养，积极打造符合新时代要求的职业教育行政管理人员师德师风建设途径，为国家培养所需人才。

参考文献

[1] 曹晔．职业教育教师队伍建设“十三五”回顾与“十四五”展望［J］．中国职业技术教育，2021(10)：11-17.

[2] 闫雍旭．新时代高校行政管理人员师德师风建设路径探析［J］．大学（研究与管理），2021(504)：123-124.

[3] 任沫霖．关于新时期加强高职院校青年教师师德师风建设的思考［J］．大学，2021(22)：124-127.

[4] 岑慧祎．中等职业学校师德师风存在的问题与对策探讨［J］．职业教育，2020(28)：78.

[5] 张巳如．新时期高校行政管理人员职业素质提升研究［J］．经验交流，2020(10)：47-48.

十九　新时代加强中职学校师德师风建设刍议

韩裕风[①]

（上海市城市建设工程学校，上海 200093）

摘要：本文立足于中职学校师德师风建设的必要性和现状，分析教师在政治思想觉悟、工作作风等方面存在的问题及原因，提出了几点具有针对性的建议，分别从觉悟思想、管理机制两方面着手，力求通过优化教师队伍结构、榜样示范引领、拓展学习路径、完善师德师风考核考察机制、树立崇高理想等方式，将师德师风纳入中职院校的重点工作，以此提高教师的整体素质水平。

关键词：中职；师德师风

师德是教师的职业道德，师风是教师的行为作风，师德师风是指教师在教育活动中形成特殊影响的道德风范和行为准则。习近平总书记在中国人民大学考察时强调："培养社会主义建设者和接班人，迫切需要我们的教师既精通专业知识、做好'经师'，又涵养德行、成为'人师'。"中华民族在几千年的教育实践中，形成了优良的师德师风。例如"师者，所以传道受业解惑也""为人师表、教学相长""为师之务，在于胜理，在于行义""诲人不倦"等。本文拟对新时代加强中职学校师德师风建设进行研究。

---

① 韩裕风，女，法学硕士，研究方向：思想政治教育。

一、加强中职学校师德师风建设的必要性

（1）师德师风建设，关乎党对学校的领导，关乎全面贯彻党的教育方针，关乎中国特色社会主义事业薪火相传。

党的十八大以来，以习近平同志为核心的党中央高瞻远瞩、审时度势，把教师工作提到前所未有的政治高度，把教师队伍建设摆在极端重要的战略地位。在十九大报告中，习近平总书记指出，要“加强师德师风建设，培养高素质教师队伍，倡导全社会尊师重教”。2019 年，教育部发布了《关于加强和改进新时代师德师风建设的意见》，从 6 个方面就新时代师德师风建设做出安排部署。2020 年，发布了《深化新时代教育评价改革总体方案》，强调在新时代必须始终坚持将师德师风作为第一标准。

（2）构建高质量职业教育体系、建设教育强国，必须加强师德师风建设，着力打造一支政治素质过硬、业务能力精湛和育人水平高超的优秀教师队伍。

中职学校开展师德师风建设工作是在新时代社会发展的重要工作，并且是职业学校对职业教师提出的重要教学任务。开展师德师风建设有利于推进学校教师队伍高效建设，教师队伍建设的重要内容和重点环节都围绕师德师风开展。教师是学校工作的执行人，是学生的引路人，其自身的师德师风就显得尤为重要。因此，中职学校应当加大对教师师德师风重视程度，加强对教师团队师德师风的监督，不断地提高教师的师德师风水平。

二、中职学校师德师风存在的问题

当前，中职学校师德师风建设存在很多问题，对新时代中职学校落实“立德树人”根本任务造成了影响。

（一）工作作风上重“形式”轻“实践”

调查表明，对大学生成长影响最深的是专业课和专业课教师。职校课程的 80％是专业课程，学生学习时间的 80％是用于专业课学习。职业学校教师应该

承担起课程思政的重任，努力推进课程建设和思政课程同向同行、协同育人，这也是最基本的师德。但是还存在育人理念模糊、主体缺乏协同、育人形式僵化、内容融通不佳、制度不够健全等问题。

（1）形式主义较为严重。一些专业课教师由于没有真正理解透思政的内涵，对课程思政教学的热情不高，敷衍应对，“形式”上完成即可。一些中职的专业课教师片面追求工作效果，在互联网上直接下载课程思政案例，采用套路化的操作在课程思政建设过程中融入相同的育人元素。这看似重视课程思政建设，实施了育人工作，却忽视了专业学科的特征。固定套路进行课程思政，也违背了育人规律和学生成长规律，降低了育人效果。

（2）育人内容泛化。一些中职专业课教师融入育人元素较为机械，常常将理念上的育人要求简单地套在专业课教学设计中，直接塞进去一些空洞的概念。一些中职专业课教师在课程进行过程中或结束后，融入大量时政热点和育人元素，机械地向思想政治教育靠拢，一节课可能半节课都在讲思政内容，专业课上用毫无关联的某句名人名言做导入，或在快结束时用几个空泛的“爱国主义”“家国情怀”“社会主义核心价值观”等看似高大上的辞藻作为课程思政的内容，不与专业课的学科特点和学生的实际生活、思想相结合，导致课程思政“概念化”“空洞化”。一些思政课教师认知上存在偏见，在思想政治教育议题上不愿意与专业课教师开展合作、协同教学。推进课程思政与思政课程协同育人不够，导致新时代中职教育“立德树人”推进效果较为不理想。

其原因在于部分教师缺乏深厚的家国情怀和育人情怀。教师带着情怀走入课堂，关爱学生，才最能打动学生，走入学生的心里，甚至会影响学生一生。广大教师特别是思政课教师要涵养家国情怀，心里装着党和国家，在实践中关注时代、关注社会、以学生为本、汲取养分、丰富思想；要有育人情怀，对教育事业投入真情实感，对思政课程和课程思政教育教学有执着追求，锤炼品格、学习知识、创新思维、拼搏奉献，努力做学生的引路人。

（二）思想上不够坚定，易发生错误言行

近年来，中职学校教师违反师德师风的事件仍然屡见不鲜。究其原因是部分教师的政治思想觉悟有待加强。如上海某职业学院教师宋某，作为一名历史教师，在课堂上质疑南京大屠杀的真实性，其错误言论造成严重教学事故和严重不良社会影响。教师中的“范跑跑”事件，极端利己的“范跑跑”，缺乏献身教育的人生观念和实现奉献自我的价值观，育人理念不达标，给社会和学校带来严重的负面影响。

究其原因，是缺乏政治思想觉悟。所谓“师者，人之模范也”。教师的思想政治素质和道德修养水平直接影响人才培养的质量。教师想要培养什么样的人，就得先成为什么样的人，但教师自身若缺乏政治思想觉悟，那是无法持续向学生输出育人理念的。教师的职业要求教师须为榜样性人物，带头弘扬社会主义道德和中华传统美德，若在教学环境中做不到，那么很难对学生起到一个榜样示范作用，也就无法坚持言传和身教相统一。

（三）治学上，不够严谨规范

敬业守责是师德的基本原则。然而，当前中职学校中部分教师治学态度不够严谨。如某校一位教师的教案和课件十年不变，其中数据还是多年前的数据，参考价值有限；专业课教师为了完成课程思政的教学任务，布置不符合学生学情的学习任务；在进行课程思政时将过长的“新闻联播”照搬课堂，而不注意做过多阐释；课中妄议国家大事，牢骚抱怨，传递负能量；甚至还有部分教师对党和国家大事缺乏关心，职业思想不稳定，得过且过，伺机改行，难以做到严谨治学。

究其原因，是部分教师忽视师德师风的规定、纪律。部分教师违规违纪行为的发生，不仅源于极个别教师在思想上、行为上缺乏对纪律、准则、规定的敬畏，更是对有关规定置若罔闻，顶风违纪。同时，也与相关部门在教师准入、教师日常管理问题上的失职渎职有莫大的关系。

三、加强中职学校师德师风建设的建议

（一）优化教师队伍结构

抓好引进、培养、留住、用好四个环节，着力打造一支政治素质过硬、业务能力精湛和育人水平高超的优秀教师队伍。中职学校完善教师招聘和引进制度，严格思想政治和师德考察，建立科学完备的标准、程序，做好“引进”；做好岗前岗中培训、师德师风建设等规范化培训，与教育硕士博士衔接，优化“培养”；给予政策支持和经费投入，打好编制、岗位、职称等政策“组合拳”，完善激励机制，尽力“留住”；遴选乐教、适教、善教的优秀人才从教，“用好”人才。

（二）榜样示范引领

构建舆论导向机制，营造尊师重教的氛围。综合运用授予荣誉、事迹报告、媒体宣传、创作文艺作品等手段，树立广大教师积极阳光、爱岗敬业、无私奉献、锐意创新的形象，充分发挥典型引领和辐射带动作用。适时开展师德师风标兵、模范、示范学校评选活动，模范教师、优秀教师、教育工作先进个人、优秀教育管理者、优秀班主任等表彰奖励，发挥“火车头”“领头雁”的榜样示范引领作用。

（三）健全师德师风考核考察机制

完善一套有效的师德师风考核评价体系，严格把控教师的考核评价。一要设置师德师风办，负责师德师风考核。师德师风办下设置考核小组和监督小组，由各科室派出一名成员组成。二要持续开展规范的公开考核。考核小组按照师德师风建设的标准和要求，量化考核标准，引入个人自评、学生测评、同事互评、单位考评等多种形式，制定考核评价表，每月一次随机抽取学生、教师，填写考核评价表，公平公正地开展考核工作。三要建立科学严格的奖惩机制。由监督小组制定具体细化的教师职业行为负面清单，对违反者要严格批评教育。考核评价表结果作为岗位评聘、年度考核、评选奖励的入选条件之一。四要建立师德师风曝光平台。如在校园设置匿名举报箱，由考核组每月汇总、记录并分析总结。匿名

投诉结果在工作述职和考评工作中实行“师德一票否决制”，严把政治关和师德关。

（四）拓展学习路径，提升教师职业素养

一是加强理论学习，提高政治站位。认真学习习近平总书记的重要讲话和指示精神等，提高政治站位，增强政治自觉、思想自觉和行动自觉。二是要建立健全学习制度。加大培训力度，推进理论学习系统化、经常化，促进广大教师牢固树立科学的世界观、人生观和价值观，树立终身教育观念、素质教育观念。三是充分利用多媒体平台。如通过国家中小学智慧教育平台、学习强国等平台进行学习，提升职业素养。四是更新师德师风建设教育形式，深入开展师德师风建设活动。如利用专题讨论、案例分析、经验交流等方法，通过问卷调查、随机谈话等方式，让学校的师德师风建设工作与实际生活接轨；组织思政课教师与专业课教师加强协作，促进课程思政和思政课程同向同行，协同育人；组织“师德师风建设主题教育周”活动，营造出积极活跃的师德师风，建设校园文化环境。

（五）引导教师坚定政治信仰，树立崇高理想

人无信仰不立，国无信仰不兴。坚定的信仰信念是教书育人、播种未来的指路明灯。中职教师对马克思主义的信仰，对中国特色社会主义和共产主义的信念，将指引其把讲政治放在教书育人的第一位，自觉在政治立场、政治方向、政治原则、政治道路上同党中央保持高度一致，做马克思主义的忠诚信奉者、坚定实践者。树立崇高理想，做中国特色社会主义共同理想和中华民族伟大复兴中国梦的积极传播者，帮助学生筑梦、追梦、圆梦，让一代又一代年轻人都成为实现我们民族梦想的正能量。

四、结语

新时代加强师德师风建设关乎大局、迫在眉睫，在这个新命题中，还需要不断地摸索创新。加强师德师风建设是新时代中职学校落实立德树人根本任务的有

效路径。中职学校必须加强师德师风建设，努力建设一支有理想信念、有道德情操、有扎实学识、有仁爱之心的“四有”好老师队伍，才能更好地促进教育高质量发展，实现教育强国，为中华民族伟大复兴贡献力量。

参考文献

[1] 季子涵，任晓东，等．高职院校师德师风建设中存在的问题及对策分析 [J]. 科学咨询（科技·管 理），2020(12)：80.

[2] 刘伟．深入学习领会习近平总书记在中国人民大学考察调研时的重要讲话精神 [J]. 中国高教研究，2022(6)：7.

[3] 曹琳，张艳．中职学校如何扎实而有效地推进师德师风建设 [J]. 科幻画报，2020(12)：144.

二十　对学生究竟能不能喊学号？

——从学号的使用角度看师德师风建设

李志良

（上海电子信息职业技术学院，上海 201411）

摘要：在学校里对学生喊学号似乎已成为一个错误行为，往往用作师德师风建设上的反面案例。围绕“喊学号”是否合理合情这一话题，肯定者与反对者均众，观点不一，争论不止。本文详细梳理有关对学号使用造成“污名化”的成因起源，结合具体案例，试为学号正名，澄清其使用的方式、限度等，以扳正学号使用在师德师风建设上的负面影响。

关键词：学号；喊学号；师德师风建设；成因分析

学号是学生在学校或班级里的一个专有编号，其设置的目的是便于教师的日常教学与管理工作，总体上这是一个普遍存在且易于理解的事实。不过，学号的使用，尤其是老师对学生“喊学号”，似乎已被视为一个错误行为，往往用作师德师风建设上的反面案例。围绕这一话题，社会上观点不一，争论不止，让这一表面看上去并不复杂、特殊的现象变得越来越棘手、敏感。本文首先列举有关“喊学号”现象的正反两类态度的案例，在此基础上，评析其中的是非曲直，从而为学号正名，并试给出学号使用的方式、限度等。

一、“喊学号”的污名化

不知从何时起，舆论开始对学校里教师不称呼学生名字而只喊学号这一现象深恶痛绝，认为这无法增进老师对学生的了解、爱护，相反地，会助长老师的懈怠、冷漠，甚至认为喊学号是老师对学生人格上的不尊重，乃至侮辱——因为“监狱里才这样叫一个人号码”。

在网络引擎以“喊学号”为关键词稍加搜索，便可找到不少关于“喊学号”现象的负面报道，或者对“喊学号”现象表示疑虑与担心。2012年一则报道称“9岁男生遭遇老师冷暴力，不喊名字喊学号”，说的是一位小学三年级学生一次在受到老师体罚后，回家告诉了家长，而后家长据理提出质疑，但此事之后该学生便受到老师的“冷暴力”——不再批改学生的作业、不叫学生的姓名而只叫学号。尤其后者，集中体现出所谓“冷暴力”。

另有一则报道，也道出了一位家长的担忧：孩子读一年级，开学以来，发现老师们（包括班主任和科任老师）喜欢喊学号代替喊名字，孩子能记住全班同学的学号，但是还没有记住全班同学的名字 。虽然说都是符号而已，但是感觉怪怪的。印象中，只有纪律部队或者囚犯是用数字代号称呼的。数字始终是冷冰冰的，而名字就富有感情色彩。记得自己读书的时候，老师想批评或者留堂 ，而又想留给那些学生一点面子，才会偶然念学号。

2009年纪录片《初潮》是一部讲述小学毕业班师生努力拼搏的故事，不过剧中反映的老师称呼学生学号的情节，受到观众的批评，认为这有违教师关爱学生生活、维护学生自尊的原则，喊学号太过于冷漠、生硬。

全国特级教师、著名基础教育专家华应龙也曾讲述过一个类似的故事，让人闻之心惊。华老师先是指出“如何称呼学生是一门艺术……称呼应因时因地因人而异，要便于拉近距离，融洽感情，沟通心灵……在听了校长的评课后，我认识到自己在称呼上仍需进修……”接着华老师转述了他的同事兼上级李烈校长讲的一个故事：那是在政协会议上的一次小组讨论会上，来自各条战线的委员们聚集在一起，一位研究生女秘书负责记录。她请委员们发言时先报一下委员号，以方便记录。我是主持人。委员们一个接着一个慷慨陈词。当轮到一所重点中学的校长发言时，女秘书打断道："请您稍等，您先报下号。"这位校长十分生气："什么是报号？什么是报号？犯人才报号，你拿我们当犯人啊！"会议室的空气凝固了。女秘书大概是被吓着了，眼泪都掉下来了。作为主持人的我也有些尴尬，始料未及。我赶紧打圆场："这位校长，我也没有注意到这一点，请别生气，秘书请大家报委员号，是为了快速找到发言人的名字，没有不敬的意思。接下来，请发言的委员自报姓名……"华应龙老师的例子虽不是"喊学生学号"，而是"让校长自报号码"，但显然更富有现场冲击力，让人感受到关于"喊号码""喊学号"的认知偏差已经到了何种程度！这一现象已经被污名化、被误解到了何种程度！

上面的几个例子可以说代表了反对"喊学号"的几类典型意见，总体而言，这些例子都认为在学校里不宜对学生"喊学号"，因为这过于生硬、冷漠，有"冷暴力"的嫌疑，而归根结底最大的原因是，喊学号有形同对待犯人的嫌疑。客观上，这不能不说是一种遗憾，它已构成了对"学号""喊学号"等概念的污名化。

二、关于"喊学号"的正面观点

虽然"喊学号"已在为数不少的"施众"与"受众"之间得了污名，投了阴影，不过，学号自身是无辜的，"喊学号"也并非原罪在身，它是应需而生的。实际仍有着很多正面的看待与评价，也可以说，更多老师和学生其实是支持"喊学号"的。

（一）人数太多记不住，设置学号便于管理

设立学号的最基本的目的是便于管理，这是显而易见也容易理解的。在众多类似的场景、场合，设立号码或编号也是通行且常规的做法。如在公司里职工有工号，在军队里有番号、编号或代号，在公共场合如乘车、乘机等也会有票券号码、座位号，医院里候诊往往会有挂号号码……这些现象无不说明给一定场合里的人们设立号码的做法之普遍，也昭示着号码在这些场合的必要性、便捷性。

在学校课堂上教师“喊学号”，根本原因在于人数太多，记不住名字。尤其是在大学，逢上大课，班里上百人甚至更多，让老师记清所有人的名字几乎不可能。其实也不必要，这一情况下“喊学号”就行了——喊了学号，然后也可以再请学生自报名字，逐渐熟悉，也未尝不可。总之，“喊学号”决非不在意、不爱护，更非歧视、侮辱，而只是一种自然而然的现象，正如计数之法的最初创生一样。

（二）避免冷场，体现公平

也有一种情况是，学生都认识，名字都知道，但是喊名字的效果不一定好，对于公平的体现也不一定有利，这时喊学号其实是好的办法。中小学的情形较具典型性。

在小学一、二年级的课堂教学中，孩子们通常情绪饱满，课堂气氛非常活跃。不过，这种课堂现象，到了三年级以后，往往就马上换了画风。很多老师使出浑身解数，课堂活跃度仍然不高，孩子们对老师提的问题不感兴趣，不愿意举手，课堂效果常常是“冷场”的尴尬。随着孩子年龄的增长，心智的开发，很多学生自尊心增强，高年级课堂成了“一个人的狂欢”对“一群人的孤单”！综合这些情形，更要求老师真正关注学生的内心，公平地对待每一位学生，给予鼓励和肯定，学生的可塑性是很强的，只有加强了班级学习风气的建设，让同学们打消顾虑，才能恢复课堂活跃，创设一个良好的教学环境。

何以解决这种“一个人的狂欢”对“一群人的孤单”局面？最后找到的方案是——喊学号，用喊学号的方法来让学生参与到课堂中来。老师喊学号是随机性的，班里很多人，不管谁是哪一号，不管你是高是矮，是胆小还是大方，学习优秀还是中等或差，绝对公平公正：规定喊到谁了必须站起来回答问题，回答错了没有关系，可以找同学帮忙，这样班里每一个同学都要积极思考问题，且都有机会发言，即使你不自信不愿回答老师的问题，终也逃不过“命运”的安排。

（三）认为喊学号可以培养对数字的敏感，尤适于幼儿情形

也有观点认为喊学号是幼儿教育的一种不错的方案。点名是日常生活中做得再平常不过的事情了，而仔细探究，也会发现其中蕴含着无数的教育契机。此观点认为“每个孩子都有一个固定的学号，多年里孩子们与自己的学号相依相伴，如影随形，毛巾上、水杯上、学习用品上……每每都要对号入座”。而且，一个学号，不仅是孩子自己，就是同学都会自然而然地与具体小朋友对上号。通过喊学号进行点名，可以帮助幼儿提高对数字的敏感度，让抽象的数字符号变得生动、亲切起来。

（四）也有对“学号”的超级推崇

吴维煊《中职生为何不关心自己的学号》一文是一例典型。从题目即可看出作者的倾向，认为学号是正向的、有价值的、值得关心的一个存在，正文更是用许渊冲的例子佐证了这一点：“一档央视某访谈节目……视频中主持人提问著名翻译家许渊冲：‘您是西南联大第一届学生，您还记得当年您在西南联大的学号吗？’百岁老人许渊冲回答：‘记得，A203。’紧接着，老先生又讲述了字母A的含义。感动……”

显然，作者对学号以及学号使用均给予极力推崇，同时，指出老师课堂上通过学号进行提问时，发现现今的学生却“记不住自己的学号”。随后对这一现象进行了原因分析并总结指出学号的重要性——对培养学生细节管理、集体认同感与归属感等方面有不可小觑的作用。

三、究竟能不能或该不该“喊学号”？

通过以上关于“喊学号”现象的介绍，可以说，存在两个阵营，有着两种截然相反的看法，且均有道理，各有拥趸，难分孰是孰非，一下子比不出高下胜负来。那么，究竟能不能“喊学号”？这里是否存在一个法律法规问题？究竟该不该“喊学号”？这里是否存在一个伦理道德问题？要审视与回答这些问题，或许首先还需解决开篇关于“喊学号”的污名化问题。而解决之道，有必要追溯一下这一污名化是怎么产生的。

究竟是从什么时候起，“喊学号”开始和“称呼犯人”联系在一起的呢？客观上的始作俑者已难确认，较为符合逻辑的经过大致有两种。一种说法是监狱以前有一个“号子”的别称。由于监狱的牢舍是按数字编号，犯人入狱后也会被编号，传唤犯人时一般不叫名字，而是叫号，所以称“号子”。因这一缘故，社会上对“喊号码”无形之中产生一种抵触的心魔，扩而广之，“喊学号”居首位，在实际中往往变得非常敏感。这种说法逻辑较通，较为可信。不过，“号子”本身也是无辜的，也并不专指监狱。实际上，“号子”最初指科举考试的“号房”，据《明史·选举志》载：“试士之所，谓之贡院；诸生席舍，谓之号房；人一军守之，谓之号军。”这样说的话，“号子”或者“喊号码”又并不是多么可厌的了，而且它恰恰和学校、学生还是有关联、有渊源的。

另一种说法则从媒体传播的异化角度阐释。从20世纪下半叶开始，一些监狱、犯罪题材的影视剧上映流行，比如《便衣警察》《铁窗风云》《女囚》等，也有一些仅部分涉及监狱、犯罪情节的普通影视剧，如《英雄无悔》《渴望》等，乃至一些戒毒题材的类似监狱空间的影视剧如《红处方》等，都有展现监狱或限制空间内人物活动的镜头。不过，由于影视剧的艺术表现需要，其中有一些关于警官称呼犯人的镜头，往往恰恰是以“喊号码”的形式演绎的。这样一来，由于影视剧广大的传播范围与巨大影响力，便逐渐使得监狱中称呼犯人方式是“喊号码”这一点，成为普通民众的一个先入为主的印象。更进而滋生出舆论，一传十，十传百，形成今天民众对“喊号码”“喊学号”的一个误解，乃至污名化。

然而，实际上的情况是怎样的呢？有几段来自监狱系统管理人员们的自证之言，是这样说的：

（1）“不叫编号，编号一般是用于档案管理的。记住罪犯的名字是基本功，两三百人这种是基本的了。”看来狱警的确不是好当的，不过，时间＋认真＝基本功，还是说得通、做得到的。

（2）“直接喊名字。把所分管的每一个罪犯的名字记住是对监狱警察最基本的要求。目前大陆少有监狱题材的影视内容，港片包括大多数以监狱作为背景的小说也就看看算了。对罪犯人权的保护在某种程度上已达极致……”这一说法，提到了影视的影响，也持否定看法，即影视的加工和现实并不相符。现实反而是“对罪犯人权的保护已达极致”。

（3）“直接喊名字。但是罪犯的基本情况民警必须掌握，这有助于教育改造。基层的管教民警有一个基本考核项目，就是背诵每一个犯人的‘四知道’：①知道罪犯的基本情况。包括罪犯的姓名、年龄、特征、文化程度、捕前职业等。②知道罪犯的犯罪情况。包括犯罪性质、原判刑种、刑期、释放日期、犯罪案情等。③知道罪犯的家庭和社会关系情况。包括籍贯、亲属、主要社会关系等。④知道罪犯的改造表现情况。包括认罪态度、行为表现、奖惩情况等。至于编号，那都是档案里的东西。一群性别统一、发型统一、服装统一、长相类似的人站成一排，过来一个，说出他的‘四知道’，对于入行的新人来说真不是一件容易的事情。”可以看到，第三个说法和前两个是一样的。

综合以上三个回答，可以证明的是，监狱里其实也并不“喊号码”。那么，这样说来，学校老师“喊学号”被认为像监狱狱警“喊号码”一样，其实是以讹传讹，至少那已经是老皇历了。如此，有关“喊学号”的错误看法也可不攻自破、随风飘散了。当然，也许有人会说“既然监狱已不‘喊号码’了，那么学校更不能‘喊学号’了”，但这显然已经是另一个问题了，而且，应该不会有人愿意一直如此跟随“监狱怎样，学校怎样”的逻辑了吧！

四、结论

至此，关于对学生能不能“喊学号”这一问题，或许已能得到以下的结论。

第一，可以明确的是，“喊学号”并非法律法规范畴，并不存在一个有关“喊学号”做法的法律规定或者准则条例，因此，我们完全“能”喊学号；同时，“喊学号”也并不牵扯伦理道德方面的问题，学号是一个为方便教学、管理而产生的事物，并不牵涉道德、情感，因此，对学号的使用，客观上也并不存在伦理道德的因素。

第二，学号的使用，比如课堂上对学生“喊学号”，一方面有“人数多，名字不容易或来不及记忆”“调节气氛、体现公平”“培养幼儿数字认知”等明确具体的场合需要；另一方面也有“在对同学进行批评、警告的情况下，为了顾全自尊的考虑”这样的灵活考虑。作为学号的天然功能，这些都应该被合理地看待，被广泛地接受。

第三，学号与“喊学号”长期以来污名化，主要在于与“监狱里对犯人才喊号码”的关联，但已证明这一做法不足信，更不足取。不过的确有一种情况，比如以“喊学号”施加冷暴力，这是需要警惕的、避免的。

第四，学号无辜，用者择善而行。要像破除迷信一样，破除对“喊学号”的负面认知，还学号一个天然的角色形象，以利教育，以便师生。进而也可以说，“喊学号”对师德师风的建设不应是一个问题，至少不应是一个障碍性议题。

参考文献

[1] 华应龙．教育要给学生留下什么［M］．北京：中国人民大学出版社，2019.

[2] 吴维煊．中职生为何不关心自己的学号［J］．江苏教育，2021（46）：73-74.

[3] 郭培贵．明史选举志考论［M］．北京：中华书局，2006.

[4] 知乎网：https: //www. zhihu. com/question/21619823.

二十一　红色资源融入青年教师师德建设浅析

巴利娜

（上海新闻出版职业技术学校，上海 200093）

摘要：师德是教师的灵魂，师德建设是青年教师职业发展与国家教育事业发展的保障。红色资源是中国共产党领导中国人民进行艰苦奋斗的历史产物，是一笔宝贵的精神财富。在青年教师培育中，可以发挥红色资源育人价值，多途径将红色资源融入师德建设。

关键词：红色资源；青年教师；师德建设

教师是教育的根本，师德是教师的灵魂。师德是教师行为准则的约束，高尚的师德是教师个人职业发展与国家教育事业发展的保障。新时代对教师落实立德树人根本任务提出新的更高要求，加强师德建设是落实立德树人根本任务的保障。青年教师是教师队伍中的新鲜力量，承载着教育的未来，肩负着国家的希望。师德建设有助于青年教师以更强的责任感、使命感、荣誉感，规范职业行为，明确师德底线，致力于培养德智体美劳全面发展的社会主义建设者和接班人。

红色资源是中国共产党领导中国人民进行不懈斗争与艰苦奋斗的历史产物，生动记载着我国革命历史进程，再现了革命先辈光辉足迹，体现了中华民族的伟大精神，是一笔宝贵的精神财富。开展青年教师师德建设，可以充分运用红色资源，发挥红色资源历史价值与育人价值。

一、红色资源

（一）红色资源的内涵

红色资源是中国共产党领导中国人民进行革命、建设、改革的百年艰苦历程中精神气魄、革命斗志以及建设豪情的集中体现。红色资源，主要分为物质和精神两个方面，包括人（革命先烈）、物（红色遗迹）、事（红色故事）、魂（红色精神）等丰富内涵。

（二）红色资源的价值

党的十八大以来，习近平总书记高度重视红色资源的保护利用。习近平总书记先后到河北西柏坡、河南兰考、陕西延安、贵州遵义、浙江嘉兴、辽宁抚顺、江西于都、湖南郴州、福建古田等地考察，寻访革命故地、红色热土，反复强调要用好红色资源、讲好红色故事、搞好红色教育，让红色基因代代相传。这充分说明，红色资源的价值应当被重视。

红色资源具有较高的历史价值。红色资源是中国共产党领导中国人民进行顽强斗争、不懈奋斗的产物，是中国共产党百年发展历史的生动记述。红色资源可以让我们更深刻地认识党的历史，而历史是一面镜子，从历史中我们可以得到启迪、增强定力。

红色资源具有较强的教育价值。习近平总书记曾提出要强化红色资源的教育功能，要“围绕革命、建设、改革各个历史时期的重大事件、重大节点，研究确定一批重要标识地，讲好党的故事、革命的故事、英雄的故事，彰显时代特色，使之成为教育人、激励人、塑造人的大学校”。

二、青年教师师德

（一）师德的内涵

师德，即教师的职业道德。教师职业道德就是教师在教书育人的职业活动中应当遵循的行为规范，即“为师之道”，这是一定的社会道德原则和规范在教师职业行为和职业关系中的特殊表现。

《中华人民共和国教师法》第八条规定，教师应当履行下列义务：（一）遵守宪法、法律和职业道德，为人师表；（二）贯彻国家的教育方针，遵守规章制度，执行学校的教学计划，履行教师聘约，完成教育教学工作任务；（三）对学生进行宪法所确定的基本原则的教育和爱国主义、民族团结的教育，法制教育以及思想品德、文化、科学技术教育，组织、带领学生开展有益的社会活动；（四）关心、爱护全体学生，尊重学生人格，促进学生在品德、智力、体质等方面全面发展；（五）制止有害于学生的行为或者其他侵犯学生合法权益的行为，批评和抵制有害于学生健康成长的现象；（六）不断提高思想政治觉悟和教育教学业务水平。《中华人民共和国教师法》从法律层面规定教师要遵守宪法、法律和职业道德。

《新时代中小学教师职业行为十项准则》包括坚定政治方向、自觉爱国守法、传播优秀文化、潜心教书育人、关心爱护学生、加强安全防范、坚持言行雅正、秉持公平诚信、坚守廉洁自律、规范从教行为十项准则。这是从行为规范层面对师德的具体要求。

师德是实施立德树人的重要保证，是全面提高教育质量，推动社会主义教育事业发展的重要力量。

（二）青年教师师德面临的挑战

多元社会思潮的冲击。当今世界正经历百年未有之大变局，世界经济全球化、政治多元化加速渗透扩张，中西思想文化潮流、道德取向、价值观念相互激荡渗透与冲突。“充斥于社会各阶层的功利主义、实用主义、自由主义、物质主义、拜金主义等思潮，给青年教师的思想和心理带来了很大的冲击，加剧了青年教师正确选择政治信仰、道德标准和价值观念的复杂性。”部分青年教师存在政治意识不强、政治信仰不坚定、理想信念模糊、艰苦奋斗精神缺乏等问题。

社会不良风气的影响。当下，享乐主义、精致利己主义、拜金主义在社会上盛行，追求物质享受、个人利益至上、唯金钱是从是部分青年人的行为模式，且这些行为模式通过自媒体、社交网络等得到放大和蔓延。这些不良社会风气，无形中侵蚀着青年教师对教育价值、学术价值的追求，一些青年教师忍受不了教育事业的清苦，无法潜心深耕于教育事业。

职业发展压力的挑战。近年来，社会焦虑弥漫，各行各业内卷现象普遍存在。教师作为人类灵魂的工程师，被赋予了较高的社会期待和要求。成为一名优秀的教师，既要有深厚的学养，又要有精湛的教法；既要精准把脉学生的心理需求，又要适应日新月异的信息技术时代要求。青年教师中独生子女居多，出生在物质条件较为丰富的年代，在家人的呵护中长大，较少经历磨难与考验，心理适应能力较弱。面对较高的职业要求的社会期待，一些青年教师出现懈怠情绪，“躺平”“摆烂”现象并不少见。

在各种挑战下，近年来，师德方面出现问题的事例时有发生。一些教师以金钱作为衡量个人价值的标准，过于关注个人得失；一些教师将教育仅仅停留在知识传授上，忽略了教育的育人功能；一些教师认为教育教学与政治无关，以“思想解放”“学术自由”等回避政治；一些教师将谣言、小道消息作为教学内容传授给学生。

三、红色资源融入青年教师师德建设的意义

（一）增强青年教师政治意识

习近平总书记强调：“我们党要始终做到不忘初心、牢记使命，把党和人民事业长长久久推进下去，必须增强政治意识，善于从政治上看问题，善于把握政治大局，不断提高政治判断力、政治领悟力、政治执行力。”青年教师是党和国家的理论、路线、方针、政策的重要宣讲者与践行者，是学生健康成长的指导者和引路人，增强政治意识是青年教师师德建设的重要内容。

青年教师年纪轻，对中国共产党的百年史、新中国发展的历史、中国改革开放40多年的发展变化缺乏直观感受和深刻认识。红色资源以马克思主义为指导，集中反映了中国共产党领导人民百年来的艰苦奋斗与光辉历程，是中国共产党领

导广大人民群众在革命、建设和改革时期形成的主流思想意识及其物化的资源。红色资源蕴含着红色基因。红色基因彰显了革命传统，秉持了共产主义理想信念的本质，是团结广大人民群众和党员干部，凝聚社会共识、中国力量，实现中国梦的力量源泉。青年教师可从红色基因中汲取强大的信仰力量，坚定正确的政治方向，把握政治大局，从而增强政治意识。

具体化到日常的教学与生活中，就是大力贯彻落实党和国家的政策方针，以身示范，教育引导学生坚定对马克思主义的信仰，对中国特色社会主义的信念。

（二）促进教育根本任务落实

教育的根本任务是立德树人，育人首先立德，树人德为先。教师是立教之本、兴教之源，教师的思想道德素质和品行对学生的品德素养有着潜移默化的影响。"教师师德水平取决于教师是否坚守正确的师德信仰，养成良好的道德习惯，具备良好的道德品格。红色基因蕴含着的精神信念因子对教师进行理想信念教育及坚守教师信仰具有重要作用……红色基因教育价值取向、思想精髓与师德建设具有一致性。"

一方面教师个人从红色基因中汲取力量；另一方面教师传承红色基因，教学相长，能够唤醒青年教师自身的职业自觉性，激发青年教师理想信念，坚守育人初心。青年教师育德能力不断提升，立德树人根本任务才能得以完成。

（三）防止师德失范行为发生

青年教师思想活跃，接受新事物较快，可塑性较高，容易和学生打成一片。这是青年教师的优势，同时也给青年教师的职业发展带来一定挑战。

红色资源内涵深邃，其中蕴含的革命故事、英雄人物等对青年教师行为养成具有引领和启示作用。通过了解先辈为革命事业、祖国建设事业不畏牺牲的故事，青年教师可以将先辈坚定的理想信念、崇高的爱国情怀与个人职业理想相结合。这有利于促进青年教师形成崇高的职业理想、正确的价值导向、规范的职业行为，减少师德失范行为的发生。

四、红色资源融入青年教师师德建设的途径

（一）组建青年教师理论学习小组，以红色基因构筑师魂

习近平总书记指出："好学才能上进。中国共产党人依靠学习走到今天，也必然要依靠学习走向未来。"中国共产党的历史，就是重视学习、善于学习、不断学习、不断上进的历史。

笔者所在学校，为提高青年教师政治站位，提高青年教师政治素养，涵养师德师风，组建青年教师理论学习小组。在学习周期上，定期开展集体学习，让马克思主义理论学习成为青年教师的日常习惯。在学习形式上，采用情境教学、学术论坛、红色观影、团建活动等。在学习内容上，既有原著原文的学习，也有最新的会议精神的学习。通过学习，青年教师进一步增强了四个自信，树牢了政治意识，提高了政治素养，用所学引领教学实践。

（二）开展流动的红色课堂，以红色人物事迹引领师德培育

笔者所在的学校，充分挖掘本土红色场馆资源，组织青年教师走进红色场馆，沉浸式参观学习。红色场馆中展示的革命史实、英雄事迹对青年教师是一种精神洗礼。场馆中的互动体验项目，使青年教师在虚拟与现实的交织中感受红色人物的鲜活、红色故事的真实。例如，到韬奋纪念馆了解中国卓越的新闻记者、政论家、出版家邹韬奋的生平事迹，了解韬奋虽然短暂但非凡的人生经历与坚强不息的奋斗精神，从中感悟韬奋先生浓浓的爱国情怀及坚定的职业理想。到陈云纪念馆了解中国社会主义经济建设的开创者和奠基人陈云的生平事迹，感悟陈云同志执着追求理想、始终忠于党和人民的情怀。追寻先辈足迹，青年教师树立崇高的职业理想和坚定的职业信念。有了崇高的职业理想，就会产生强烈的职业责任感，就会认真备课、授课，钻研教学规律，更新教学方法手段，真心关爱学生，努力成为无愧于党和人民的人类灵魂工程师。

青年教师参观学习后，将红色资源运用于教育教学，带领学生走进红色场馆，开展现场教学。教师运用红色资源授课，师生互动，情感交织，理想信念再次得以升华。

（三）组织红色文创设计，以红色作品升华专业实践

红色资源具有物质性和非物质性的双重属性，把革命纪念地、伟人故居、革命遗址遗迹、革命文物等有形要素，与信仰、制度及革命精神等无形要素有效地融入文创产品中，红色文创就成为传承红色基因的重要载体。笔者所在学校联动长三角同类院校举办“上海红色文化创意大赛”，指引师生们结合专业所长，设计制作红色文创作品。青年教师带领学生搜集文献、查阅资料、实地考察，将红色元素融入一件件艺术作品中。创作红色文创作品，既需要深刻领悟红色精神，也需要精准提炼红色元素。红色文创，使教师和学生学深、悟透、用活红色资源，通过红色文创作品将红色资源的精神品格传播开来。

红色资源所蕴含的红色精神是激励青年教师砥砺前行的动力，其价值丰富，影响深远。将红色资源融入青年教师师德涵养，落实师德建设，有利于青年教师队伍永葆先进性。

参考文献

[1] 廖泽香．红色资源融入大学生爱国主义教育的三重维度 [J]．广东职业技术教育与研究，2021(12)：169.

[2] 谢颖，陈重．高校教师职业道德修养的内涵和要求 [J]．当代教育实践与教学研究，2020(11)：81.

[3] 庄百鹏．党的红色资源教育与青年教师素质培养 [J]．鄂州大学学报，2014(12)：18.

[4] 冯雅，吴赛，李刚．论习近平红色资源观 [J]．图书馆论坛，2021(11)：3.

[5] 罗晓航，姚茹．赓续红色基因 涵养师德新风 [J]．中小学校长，2021(9)：31.

二十二　立德树人理念下中职园林专业学生职业素养培育的课堂实践研究

李春妹[①]

（上海市群益职业技术学校，上海 200093）

摘要：职业素养的培育符合新时代职业教育的培养目标及学生全面发展的需求，是个人也是社会重视的范畴。随着职业教育的大力发展，复合型人才社会需求量增大。近年来，中职生的职业技能逐步获得用人单位认可，但若学生缺少相关职业素养，将直接影响就业和发展提升的空间，因此提高中职生职业素养刻不容缓。本文分析了职业素养的内涵及影响学生提升的原因，提出基于立德树人理念，倡导“育人为本、探究实践、体验快乐”的教学方式，开展学生职业素养培育的实施途径。

关键词： 立德树人；中职园林；学生；职业素养；培育

2016 年 9 月国家发布了《中国学生发展核心素养》的总体框架，界定了学生发展核心素养基本要点，为职业教育教学改革与人才培养提供了纲领性的依据。学生除了必须具备扎实的专业知识和技能外，还必须具备相关的职业素养，否则很难应对新的职业环境带来的变化，甚至会有失业的风险。由此可见，提高中职

---

① 李春妹，女，研究方向：课堂教学改革。

生的职业素养已成为中职教育关注的重点。如何通过课堂教学实践，在提高专业知识、技能应用能力的同时提高学生职业素养，培养学生由“合格的职业人”向“全面发展的职业人”转变。由此，探讨立德树人理念下中职园林专业课堂中培养学生职业素养的方法及其实现途径，具有十分重要的理论价值和现实意义。

一、概念界定

本文是在立德树人理念下，倡导“育人为本、探究实践、体验快乐”教学方式，开展职业素养培育的实践研究，需要对以下三个概念进行界定。

（一）立德树人

党的十八大报告中明确指出立德树人是教育的根本任务，强化全员育人，实施教育教学全过程育德。教师在教育教学活动中要坚持“育人为本，德育为先”，帮助学生树立理想信念、助推学生自身发展，着力提高教学质量。

2014年教育部印发《关于全面深化课程改革落实立德树人根本任务的意见》，指出在课堂教学中培育学生职业素养是落实立德树人根本任务的一项重要举措，也是适应世界教育改革发展趋势、提升我国教育国际竞争力的迫切需要。课程中构建有效衔接的德育内容体系，尊重学生的主体地位，重视学生智力潜力的挖掘、健康人格的塑造、知识技能的习得，培养学生具有符合中国特色社会主义建设要求的理想信念、公民素质、健全人格，从而成为技能过硬，全面发展的有用之才。

（二）职业素养

职业素养是指职业内在的规范和要求，是在职业过程中表现出来的综合品质，适应职业岗位和职业成长应该具备的品格或能力。一般包括职业信念、职业行为习惯、 职业技能等。职业信念是职业素养的核心，包含了良好的职业道德，正面积极的职业心态和正确职业价值观意识。职业素养是学生在将来的职业生涯中所从事的任何行业、职业或工作岗位都不可或缺的，是除岗位专业知识、技能以外的基本素养。

(三)探究实践

探究实践是一种劳动学习方式,是一种需要探究者策划组织、运用知识、技术、服务和器物作业的思考、判断和操作的行为。探究教育教学是一种以实践活动为载体的教育教学,传统教育是以从书本上获取理论知识为主,而探究实践教育教学更强调从实践中学习知识,强调边干边学,强调创新能力、操作能力、综合素养的培养。课堂教育教学活动是培养学生职业素养的主阵地,需要全员参与,必须将职业素养深度融合到各项教学任务及实践活动中。

二、目前影响学生职业素养提升的原因

(1)学生方面。学生自我意识不够,如职业道德、职业态度和岗位规范意识等;探究学习、合作交流与发展能力不足;社会活动参与少;创新精神、解决实际问题能力不够等。

(2)教师方面。教师是课堂的实施者,教师对职业素养的认识不够,教学中往往侧重专业知识、技能的教学和训练;教学内容与职业素养融合力度不够,缺乏“全员德育”意识,这些都将直接影响学生职业素养的培育提升。

三、中职园林专业课堂教学中培育学生职业素养的途径

本文旨在探索中职园林专业课堂实践教学中培育学生职业素养的有效途径,经过多年的探索和实践,在立德树人理念下倡导“育人为本、探究实践、体验快乐”的教学方式,发挥专业实践教学主渠道作用,通过转变观念、融合专业技能和职业素养课程内容、加强企业岗位实践等措施,引导学生积极参与实践活动,促进德育内化,提高学生职业素养。为学生成为适应工作变化的知识型、发展型技能人才奠定基础。

(一)转变观念,育人为本,提高对职业素养培育的认识

教师必须转变职业教育就是技能教育的观念,确立以职业素养和职业技能并

重的现代职教观。强化“立德树人，以人为本”全员德育意识，教师的教学理念要与时俱进，加强自身企业实践，了解社会的需求，在教学中有效融入职业核心素养培养。职业教育为学生提供的是一个走向社会的起点，而不是终点，从培养“合格的职业人”向培养“全面发展的职业人”转变。

（二）探究实践，在顶岗实习中内化职业素养

发挥课堂教学主渠道作用，引导学生在学习实践中培养正确的情感、态度和价值观。作为专业教学，除注重双基知识的学习外，同时注重学生职业素养的培养、提高技能应用能力。除了课堂教学外，还需要大量实践体验，特别是企业的顶岗实习教学环节，注重全程融入职业素养培育，让学生每时每刻都能在学习中感悟德育的内化，逐步培养学生良好的职业习惯、强化热爱专业的理想信念、公民素质、健全人格等。下面以为期一周的企业顶岗实习教学为例进行阐述分析。

（1）宣传动员、激发学生兴趣，坚定热爱专业的理想信念

学一行、爱一行，要对专业具有高涨的学习热情，坚定理想信念。利用班晨会召开本次企业实践活动动员会，明确实践活动意义，让学生以一名岗位人的身份参与企业实践活动。聘请企业主管到校做宣传或讲座，介绍园林行业目前发展趋势，介绍企业情况，本次实践各岗位工作要求，以及企业招聘要求等，让学生感受到真实岗位环境，看到专业的前景，激发学习动力，坚定理想信念。

（2）合作探究，发挥学生个性、增强学生社会责任感

教研组根据园林专业教学计划、学生学习状况与企业确定实习岗位。本次岗位：盆景攀扎、室内植物养护、工程施工、组织培养、温室园艺设施管理、植物营销。学生根据自身情况选择企业实习岗位，并合理分组，每组设一位组长，管理本组组员的出勤、学习状况、与指导教师做好沟通反馈工作。实习前一周每位学生写好实习打算，表明学习态度。通过分组、分工，让学生明确本次实习的内容、目的、要求，便于有效开展活动。进一步树立积极学习态度和健康向上的人生态度。

（3）顶岗实践，提高专业技能，促进职业素养内化

①严格遵守企业管理制度，加强时间观念，遵守劳动制度，尊重他人，培养学生基本道德素质。

②开展“小组合作、探究实践、体验快乐”的双导师教学模式。加强学校指导教师和企业导师沟通交流，开展小组团队合作探究实践，强调实习中多问、多听、多思考、多实践、多总结；注重学习经验的积累，提高理论在实践中的运用、分析和解决问题的能力。

③安全教育，责任担当。实践活动中注意安全，包括交通安全、人身安全、使用器具的安全。作为企业的员工要热爱自己的岗位、为生活环境创造美，热爱植物，不随意破坏生产物资；要有企业主人翁精神，增强社会责任感。

④多元协作，注重过程性评价。采用三方评价体系（包括每组组长、指导教师和企业导师）。每位学生完成企业实践记录本（包括实践打算、每天的实践记录和反思、实践总结）。最后教师根据每位学生实践的情况，综合三方评价意见，确定本次实践成绩，载入学生成绩单。

⑤及时总结，表彰反馈。每次企业实践结束，及时召开总结表彰会，鼓励成功。增强学生持续学习动力，激励信心。为促进学生发展，教师应为提高和改进教学实践提供保障。

育人为本，突出岗位实践体验、促进校外教育与课堂教学有机结合，引导学生积极参与实践活动，促进职业素养内化。通过企业岗位实践，不仅提高理论联系实际运用能力，而且了解企业文化，了解各岗位的技能要求和人文素质要求。注重学生的职业素养发展，实现学生由学校人向社会人的转化。引导学生对照自身，看清不足，激发学生学习斗志，苦练专业技能，成为在德育上具有理想信念、公民素质、健全人格和职业素养，在专业上具有熟练技能、运用知识解决实践问题能力的适应岗位变化的知识型、发展型技能人才。

（三）实践体验、在转化应用中提升职业素养品质

通过创业活动、展销活动、志愿服务活动、技能评比表彰等形式来宣传展示

学生在教学实践活动中的成果，激发学生的实践体验意识，在知识技能转化应用中提升职业素养品质。

园林学生创业孵化基地是学生创业活动的主阵地，是园林专业学生在老师指导下自愿组建的创业实践团体，是培养学生创业意识、开发学生创新潜能、锻炼学生创业能力、开展创业活动的一个平台。经营项目围绕专业教学内容设计开展，主要有课堂教学实践产品的制作与销售、盆栽租摆与养护、创意类产品的制作、特定节日用花等。活动形式多样，定期在孵化基地开展、不定期校内集中开展绿植营销以及各办公室的养护管理、走进企业和社区普及花艺技能和家庭养花咨询等志愿服务活动（见表 22-1）。

表 22-1　园林专业学生创业实践活动安排表

时间	活动内容	地 点
常年	订购花卉 花卉植物养护管理	校内孵化基地 各办公室
每年 3 月、12 月	花卉营销 组合盆栽制作 DIY 活动	校内展示大厅 校内孵化基地
特定节日（教师节、三八节、班主任节等）	节日用花常识 开展特定节日用花礼仪展示活动	校内橱窗、各宣传阵地 校内孵化基地
每年 5 月、11 月	市场调研 岗位实践	相关园林企业单位 社区

创业社团每学期会制定经营方案，进行校园创业实践。小组成员通过参与活动内容的确定，活动对象的选择，直至各项事务的逐步落实，培养学生观察和解决问题的能力；通过对活动各环节的统筹安排，培养学生组织、理解及沟通协调能力；通过对活动中突发事件的处理，培养其应变能力和决策能力，促使活动成员从“就业型”到“创业型”人才的转变。

通过开展各种丰富多彩的校内外专业实践活动，巩固课堂所学的专业知识，引导学生加强文化道德修养和团队协作精神，提升学生的综合职业素养。通过每学期评优表彰活动，给予肯定鼓励，激励学生创造性发展；做好小组新老成员的传帮带工作，增强社会责任意识；适时举办学生自创的花艺和园艺作品“爱心义卖”活动，将所得款捐献给上海市慈善基金总会和上海儿童医院白血病儿童，增强学生社会责任意识。

四、结论和思考

（一）结论

课堂教育教学活动是培育学生职业素养的平台，必须将职业素养深度融合到专业课堂教育教学任务及实践活动中，提升中职生的职业素养，有利于学生适应工作岗位、稳定就业，得到更好的生涯发展。

在立德树人理念下，构建“育人为本、探究实践、体验快乐”的实践教学模式，引导学生主动探究合作学习，挖掘学生创新及探索潜能，提高学生职业素养。在关注双基教学的同时，突出发展能力和职业素养的培养，为学生学会学习、终身学习打下基础。在专业实践活动中促进学生思考，培养自主探究、创新实践意识；坚定理想信念、公民素质、健全人格，强化责任担当；增强学生学习的积极性、主动性、合作性；提高学生运用技能解决实际问题的能力。注重学生的职业素养发展，实现学生由学校人向社会人、职业人的转化；本研究在基于立德树人理念，实现学生职业素养的培育与全面提升方面都有非常重要的意义，具有一定成效。

（二）思考

经过实践与研究，虽然在专业技能课堂教学中如何培养中职学生职业素养方面取得了一定的成效，但如何在文化课、专业基础课和拓展课等课堂教学中形成一套科学、系统、具有推广价值的基于立德树人理念下培育学生职业素养的教学模式还需继续实践与论证。

参考文献

[1] 胡忠恒．实践性教学环节改革探讨 [J]．株洲工学院学报，2002(3).

[2] 徐柏才．论高校学生社团在培养创新型人才中的作用 [J]．学校党建与思想教育（上半月），2008(6)．

[3] 王理华．中职创业教育中存在的问题及对策 [J]．江苏技术师范学院报，2009(6)．

[4] 袁金祥．创业教育视野中的大学学生社团建设 [J]．学公视窗，2011(6)．

[5] 教育部．关于全面深化课程改革落实立德树人根本任务的意见．教基二［2014］4 号．

[6] 人民网．办好讲好学好思政课，落实立德树人根本任务．2019(5)．

[7] 范宝祥，张恩祥．课程思政案例选编 [M]．北京：中国政法大学出版社，2021.

[8] 许琼林，刘兴华等．职业素养（第二版）[M]. 北京：清华大学出版社，2021.

二十三　基于核心素养，创设生活情景，激发创意表达

——以上海城市题材为主题的创意绘画项目实践课程中德育渗透的路径探索

段乾坤[①]

（上海市逸夫职业技术学校，200040）

摘要：创意绘画项目实践课程作为培养中职生人文素养的课程之一，以上海城市题材为主题的创意绘画美术作品中的上海城市精神，其德育的功能是显而易见的，美术教师从挖掘上海城市题材为主题的创意绘画项目实践课中的德育因素，创设美术教学的德育环境，提升美术教师整体素质等方面加以研究，使德育渗透在教学的各个环节，是立德树人教育目标的重要载体。着力探讨职业院校德育与创意绘画项目实践课教学全过程的渗透路径，将人才的思想品德教育贯穿于教学活动的方方面面，为国家培养更多高素质高技能型人才。

关键词：职业教育；立德树人；创意绘画；人文精神

---

① 段乾坤，男，美术学硕士，研究方向：美术教育。

一、上海城市题材为主题的创意绘画项目实践课的精神内涵

上海城市题材创意绘画项目实践课程是中等职业学校美术绘画专业、工艺美术专业、美术设计专业学生共同的学科中一门项目实践特色课程。其功能是通过搜集上海具有代表性的历史建筑群、名人故居、海派绘画作品等，挖掘能体现城市精神的绘画创作元素，结合创意绘画艺术语言，以体现上海“城市精神”内涵的文创作品设计与制作为主线构建知识体系，使学生具备设计能力、审美能力及创新能力，同时增强学生红色思政教育、热爱生活的意识，提升品德素质，遵守校规校纪，规范日常行为，形成正确的世界观、人生观和价值观。

二、上海城市题材为主题的创意绘画项目实践课中德育渗透的路径

（一）教师是德育渗透的核心变量

上海城市题材创意绘画项目实践课程教学过程中必然存在一个核心变量促使德育在专业课教学中得到有效渗透，实现学生主动追随核心力量，吸收来自专业课堂的思想道德知识的目的。作为教学的设计者、实施者和检验者，任课教师是专业课中德育渗透的核心变量。

目前的职校课堂教学，不乏“单向式”“灌输式”的专业课形式，学生对所有知识的被动接受往往并不会达到良好的教育效果，思想品德教育与专业课知识分离教学也在很多课堂上演，以至于“立德树人”的目标始终没有达到预期效果。究其原因，专业课教师在教学理念上并没有实现专业课知识与德育内容的有效融合，只是在教学过程中机械地传授学生关注的技能类知识，导致学生群体很难较为全面地吸收思想道德知识。因此，要想真正实现德育渗透目标，需要专业课教师首先在教育观念上实现转变，在专业课教学设计、教学的全过程、教学效果检验中都要有意识地把德育作为重要元素加以考量，通过自身的核心变量作用来带动学生群体主动学习的积极性，从而达到教育的协同效应。

（二）创设生活情景是德育渗透的关键

在生活情景中感悟城市文化的底蕴和修习道德品行，学习体验和生活实践，体会上海不同人文景观和价值；学习上海城市建筑背后的历史故事，老师带队参观具有代表性的上海城市建筑群，观看上海发展历程纪录片，学生自主调研上海老居民，在上海城市题材创意绘画项目实践课教师的精心策划下，通过一定的媒介向学生传递思想道德价值，传播红色文化，传承红色基因。通过打破传统的学科界限和改变教学方式，把基础学科训练项目分解到具体的工作任务中去，真正体现“在生活情景中学—在生活情景中会”的理念，在红色文化学习和传播中融入自己的思考和理解，从听故事的人变成用绘画创作讲故事的人，将红色文化传播给更多的人。

图 23-1 中共一大会址纪念馆

我们生活情景中有很多红色文化时刻影响着我们，如中共一大会址纪念馆（图 23-1）是我们党梦想起航的地方，位于上海市黄陂南路 374 号，纪念馆的主要任务是对中共一大会址的保护管理，对有关中共党史、中国革命史文物资料的征集、保管、陈列，对中共创建历史进行研究。中共一大会址纪念馆充分发挥红色文化资源的优势和党史资政育人的作用，成为爱国主义教育示范基地。与上海市十余所学校开展合作，通过汲取红色力量，将志愿服务与青少年思想政治教育融合打通，使党的诞生地成为青少年学习党史知识、修习道德品行、厚植理想信念的校外课堂。

（三）激发创意表达是德育渗透的策略

上海城市题材为主题的创意绘画项目实践课堂上，教师应积极鼓励激发学生发挥自己的想象力和创造力，尊重并鼓励学生的好奇心和奇思妙想，通过创意绘画的方式去表达，用绘本的形式表达作品的人文素养和价值判断，积极开展学生之间、学生和老师之间的及时交流，鼓励学生自主学习，积累生活情景中具有文化价值、具有正确的价值导向的素材，引导学生求异思维的发展，在实际教学环节中融入创意训练的练习模式，通过生活情景、纪录片、调研等形式，增强学生德育意识，培养学生发现美并表现美的能力，不断进行新的尝试和探索，从而适应当今职业美术教育现状以及社会发展对新型人才的需求。

运用不同的教学方式将上海城市题材为主题的创意绘画项目实践课渗透到德育中，将思维、想象、体验与情感价值观融为一体，塑造学生健全的人格，让健康的道德意识转化为学生的自然情感，针对美术教学中的创意练习进行训练，在实践训练中培养学生造型能力、创作技巧和培养学生的人生观和行为规范、崇高的思想境界价值观的塑造，同时进一步提高学生的艺术创造力与创新意识，为学生的幸福成长奠定坚实的思想基础。

在现当代艺术作品中，上海城市主题的创意绘画创作，为人们创造了一个又一个关于建党的历史图像，这是画家对红色题材的认识与理解相联系的艺术作品，但所弥补的历史影像资料的缺失，则表现了它们在图像学上的特殊意义。对老师教学提供了有用的参考价值，值得我们借鉴学习，中共一大会址（图 23-2）作为革命圣地题材，是建党题材中的主要表现对象。武康大楼（图 23-3）艺术家用独特的绘画语言和人文视角对上海城市背景下历史建筑所蕴藏的历史、文化价值作出全新的诠释和解读。欣赏不同风格作品，对我们有不同的指导意义，不仅能激发出表达欲望，更能汲取红色力量，让红色历史传播有新载体。

图 23-2　中共一大会址　油画　任敏

图 23-3　武康大楼　油画　杜海军

三、上海城市题材为主题的创意绘画项目实践课中德育渗透的人文素养

课程教学的主要任务是围绕创意绘画项目实践课程中所需的审美能力、创作能力、德育渗透力为主线设计的。通过对上海城市精神内涵的领悟，体会历史变迁与城市发展带来的不同人文景观和价值；通过对上海市文化创意园、美术馆、博物馆的文创产业区的调研，思考创意绘画和人文精神的关联性；设计出正确引导学生的价值观、道德品行、思政融合打通，实现做学一体化。

创意绘画课要求学生围绕上海城市主题进行创作，最大程度地挖掘文化价值，表现出自己对上海城市精神的理解，有效地丰富画面内容和人文素养。提高学生的审美能力、艺术修养和道德品质，使其具备良好的价值观和高尚的道德情操。

通过本课程的学习，学生在东西方绘画创意、艺术造型、色彩表现、材质与媒介等学习中具备一定的艺术表现能力和精神表达能力，提高自己的眼界和设计思维，创作出具有个人特点的符合时代价值的作品，同时培养学生团结协作、热爱生活的意识，提高学生的人文素养和文化内涵。

在职业教育体系中，专业教学与德育融合有助于帮助学生在行业中体现良好的道德修养，勇敢顽强、合法守规的职业素质，也有利于解决学生在行业中遇到的价值判断等问题，最终成为符合国家和社会需要的职业技能人才。

参考文献

[1] 肖红缨．论上海城市精神 [J]．江汉论坛，2006(8)：126-128.

[2] 熊月之．上海城市精神 [J]．史林，2004(5)：1-16.

[3] 章仁彪．城市文明、城市功能与城市精神 [J]．同济大学学报（社会科学版），2005(2)：29-36.

[4] 习近平．做党和人民满意的好教师——同北京大学师生代表座谈时的讲话 [M]．北京：人民出版社，2014：31.

[5] 中共中央国务院关于全面深化新时代教师队伍建设改革的意见 [EB/OL].

（2018 - 01 - 20）[2021- 08 - 05]. www.gov.cn./zhengce/2018-01/31/content_5262659.htm

[6] 张富国 . 新时代我国教师队伍师德内化的突破口与实现路径：基于教师职业责任分析的视角 [J]. 现代教育管理，2021(4).

[7] 张洪华，刘新，郑辰 . 职业学校师德师风建设：内涵、问题与对策 [J]. 职教论坛，2020(6).

二十四　浅谈思政教育与新时代师德师风之间的关系

管乐

（上海音乐学院附中，上海 200093）

摘要：教师不仅是思政教育工作的执行者，还在大学生道德品质养成和价值观形成、人生方向与道路选择方面起到十分关键的作用。思想政治教育与艺术教育是相辅相成的，在教育的根本目的上是统一的。

关键词：思政教育；师德师风

一、思政教育对师德师风的影响与意义

教师是立教之本、兴教之源。强国必先强教，强教必先强师，是习近平新时代中国特色社会主义的重要战略擘画，彰显了党中央办好人民满意的教育、优先发展教育事业的坚定决心和历史眼光。高校是人才培养的摇篮，是思想汇聚的高地，更是一个国家自强不息、繁荣发展的重要动力源泉。高校教师的思想品格、价值取向、文化品位和精神状态直接作用于当代大学生的成长成才和人生发展，是决定高校能否培养出“担当民族复兴大任的时代新人”的关键性因素。

培养时代新人，首先须要有“时代新师”。贯穿习近平关于教育的重要论述的精神主线是解决好“培养什么样的人、如何培养人以及为谁培养人”这个根本问题，在这一高校人才培养的“三人工程”背后，还贯穿着一个“谁来培养人”

的深刻问题。开展新时代高校立德树人工程，必然将由高校教师来完成这一使命任务。在社会主要矛盾发生深刻变化的时代背景下，以新时代高校师德建设促进高校教师队伍健康发展，打造中华民族伟大复兴中国梦梦之队的筑梦人，是新时代教育强国建设伟大征程中汇聚起的不可逆转的时代强音。以习近平同志为核心的党中央高度重视高校师德建设对于巩固立德树人之本的重要性、办好中国特色社会主义高校，只有启程，才会到达目的地；只有拼搏，才会获得辉煌的成功；只有播种，才会有收获。

那么，如何看待政治教育对于师德的影响呢？政治教育对于师德的影响与意义就像是千里大堤一沙一石的凝聚，一点点地累积，才有前不见头后不见尾的壮丽，是春蚕吐丝一缕一缕地环绕，一丝丝地坚持，才有破茧而出重见光明的辉煌，是远航的船与帆，有了帆，船才可以到达成功的彼岸。韩非曾经提到过，内外相应，言行相称。这不禁令笔者深思，但是同时，卢梭在不经意间这样说过，浪费时间是一桩大罪过，而这句话又似乎解答了笔者的疑惑。政治教育对于师德的影响与意义就像港湾温情脉脉，像清风灌满征帆。同时，政治教育对于师德带来的影响与意义不是金钱的投资，它不需要股息和分红。只有秉承着这样的态度才能凸显出政治教育的意义。

高校教师的师德师风建设是新时代高校教师队伍建设的一个重要内容，它的成败关系到高等教育的改革和发展，进而影响公民道德建设和经济社会环境。新时代背景下，高校立德树人的根本任务对高校的师德师风及其建设提出了新的更高要求。意识形态斗争的网络化、价值观日益多元化、新生代大学生的个性化对高校思政教育师德建设提出了严峻的挑战。总体看来，我国高校思政课教师的师德师风主流是积极向上的，正是在这样的时代背景下，通过思政教育来积累师德师风建设的有益经验。学生作为思政教育的受众主体，是直接感受教师师德师风的第一受益人。因此，要基于学生的视角，来分析思政教育下师德师风的现实表现，发现当下高校思政教育师德师风建设中存在的问题，才能更好地让高校教师的思想道德呈现积极、健康、向上的趋势。

教师是人类灵魂的工程师。教师只有塑造好自己的灵魂，才能教好书、育好人，促进教育事业的健康发展。青年教师代表学校的未来和希望，我们的言行举止和思想观念，对青年学生的成长有着直接的示范和引导作用，我们的职业道德素质如何，与高等学校的人才培养质量密切相关，直接关系到国家和民族的前途和命运。因此，高校青年教师师德建设问题具有重要的理论意义和实践意义。

思政教育是办好国家教育的关键，积极引导广大教师以德立身、以德立学、以德施教，只有具备强烈的职业认同感，具备高尚的师德、良好的师风才能肩负起新时代党和国家对思政教育工作者培育中国梦实现者的重任。青年教师不仅是思政教育工作的执行者，还在大学生道德品质养成和价值观形成、人生方向与道路选择上起到十分关键的作用。教育是国家和民族发展最根本的事业，教师是教育永远的脊梁和风骨。新时代高校思政教育是铸魂育人的核心课程，青年教师通过思政教育在塑造灵魂、塑造生命和塑造人上发挥着不可替代的关键作用。学习过思政教育后的教师师德状况直接关乎学生正确的世界观、人生观和价值观的养成，也实实在在地影响着教师学习思政教育的信念、情感、心境和态度，所以思政教育对教师与学生带来的影响与意义是相辅相成、密不可分的。

由于教师的“公众人物”身份，特别是由于现代信息社会对教师行为“公共性”的放大效应，政治道德与社会公德应成为师德评估的重要方面。师风指的不仅仅是教师的风骨，更是对老师的风评，风评就像风一样具有传播性，由于教师身份公共性的原因，好的风评会传播，同样地，不好的风评更会传播蔓延导致以点概面，所以在当代中国教育要 “立德树人”，首先需要确立的就是教师的政治道德，如果政治道德有严重缺陷，其他道德表现再好，教师也是不合格的。因此，在教师道德评估中，政治道德也适用于“一票否决制”。

二、思政教育与艺术教育的关系

思想政治教育是一定的阶级或群体为实现其根本的政治目的和经济利益而对人们有意识、有计划地施加意识形态影响的社会实践活动。思想政治教育是使学生政治素质、思想素质、品德素质、心理素质等方面达到一定的标准，使学生树立正确的世界观、成才观和人生观，培养良好的生活习惯和生活态度，提高自我教育和自我管理的能力。艺术教育是以艺术为媒介的施教和受教双方共同参与运作的审美活动。审美是其教育的核心内容，它使学生在艺术氛围的影响和熏陶中，通过学习与实践，使审美意识、审美情趣、审美水平逐渐提高，使学生成为懂得美、认识美、追求美，达到一定审美标准的人才。思想政治教育的目的是提高人们的思想觉悟，调动人们积极向上、奋发进取的精神状态。艺术教育虽然不提出具体的政治目标，但它绝不是单纯的艺术技巧教育，而是蕴含着道德评价、价值导向的功能。

艺术教育的最终目的是产生丰富的具有完美个性的人并同时促进整个社会的稳定、协调与进步。虽然二者存在一定的区别，但是就其本质而言，艺术教育与思想政治教育的目的是一致的、统一的。人的发展和完善必须通过教育的途径，但对人的教育除了考虑社会对个人的整体要求外，必须充分考虑个性发展的丰富性和完整性。造就完美的人格，培养德、智、体、美、劳全面发展的人才，要求我们进一步加强思想政治教育，但同时必须高度重视以审美为核心的艺术教育。艺术教育是使人格得以完善和发展的基础，艺术教育也能促使个体形成符合社会利益的心理定向。因为人在审美中所感受到的愉快，不是一种纯生理意义上的愉快，而是融合了人的感知、想象、情感和思维等因素，具有社会内容的愉快。它会同时作用于人的各种心理功能。使它们处于一种自由和谐、平衡统一的状态。它使每一种能力都得到最大限度发挥，同时又兼顾整体的有机统一。可以说，艺术教育实际是对人的一种完整反应方式的训练，这种反应方式无论对个体还是对整个社会都是有益无害的。一方面，它能使个体得到充分发展，促使个体为社会整体做出贡献。另一方面，又使社会生活本身变得丰富多彩。所以说，艺术教育与思想政治教育的关系也是密不可分、相互成就的，思想政治教育为艺术教育确定正确的方向，艺术教育包含着丰富的思想政治教育，艺术教育与思想政治教育在根本目的上是一致和统一的。

并且艺术教育对于加强思想政治教育具有重要作用，艺术教育是思想政治教育工作的重要载体，思想政治工作讲究“以情动人、以理服人”，单靠语言的劝说、抚慰是不够的，有时会显得苍白无力。艺术教育由于具有形象、生动、趣味等特点，十分受广大学生欢迎和喜爱。它有效地将艺术经验、艺术技巧、艺术规律、艺术情思注入人生，形成完善的人格。艺术教育可以使人通过塑造心灵创造美的感性世界，与自然与社会和谐相处、生存、发展。可以说，艺术教育独特的潜移默化的育人功能是德育和其他任何学科所无法比拟的。未来社会，人才的竞争是世界经济竞争的焦点，在这个历史的机遇下，艺术教育对人的素质的开发、培养和形成具有决定性的意义。现在，重视和加强艺术教育在有些学校已蔚然成风，呈现出大众化、普及性的发展态势。

因为现在的学生都是在应试教育体制下成长起来的，他们失去了太多的接受艺术教育的机会，他们急需加强艺术教育来弥补应试教育的缺陷。因此，他们对艺术选修课、艺术实践活动表现出了浓厚的兴趣。艺术选修课以及艺术实践活动是学生最喜爱参与的活动。艺术教育不但适应了时代的发展，满足了学生日益增长的艺术追求，也缓解了学生紧张的学习压力，调整了节奏，丰富了生活。现在的学生思想活跃、思维敏捷、接受新事物快。因此，根据学生的心理特点，满足他们学习艺术的热情，把握教育的时机，在艺术教育中贯穿和补充一些丰富的思想政治教育内容，让学生在轻松愉快赏心悦目的美的氛围中净化思想、纯洁灵魂、拓宽知识、增进健康，并且加强艺术教育有利于提高学生的思想道德素质。

在多种素质教育过程中，思想道德素质是一切素质教育的基础和前提，也是人的全面素质发展的灵魂和核心，美育是提高思想道德素质的重要途径。人在审美状态中对人生价值的领悟可以进入一种“超凡脱俗”的崇高境界。这种经验一旦在内心巩固下来，就会在各种不同的情境中显示出一种坚定力量，就会对道德意志的形成产生推动作用。美育对低级情欲的净化和对高级社会情感的强化，有助于从道德规范的硬性要求转变为意志自由的培养。在个体心理中，道德规范的强制性将逐渐为意志选择的自由所取代，道德的他律将日益化为个体的自律。这表明，通过美育可以促进学生思想道德素质的健康发展，进而为全面发展奠定思想基础。

三、如何树立新时代正确的师德师风

在学校教育中，教师是教育学生学习成长的重要导师，教师的言行举止、品德品质、价值观等直接或间接地影响着学生的成长。因此，在新时期树立良好的师德师风至关重要。教师应该正确认识到师德师风对学生产生的长期影响，提升个人素质，优化职业技能，积极引导学生树立正确的价值观和人生观。

师德师风指的是教师的职业素养、道德修养以及思想观念等，主要体现在对学生的责任心、对本职工作的热爱、对自身内在素养的提升以及对专业知识的学习等多个方面。树立良好的师德师风是教师本职工作的内在要求。教师作为特殊的职业，在日常学习生活中，教师所体现出来的师德师风直接或间接地对学生产生深刻的影响，包括人生观、价值观、世界观、思想素质、道德水平以及行为习惯的养成等。从这个层面上来说，教师良好的师德师风关系到学生的健康成长，关系到国家未来的发展。

在新时期随着教育事业的不断发展，越来越重视师德师风的建设和学生素质的全面提升。因此，学校和教师要正确认识到树立师德师风的意义及作用，正视当前存在的问题，从多方面提升自身素质，促进学生的全面发展，践行教书育人的理念，并且，只有从意识形态上真正重视和关注新时期的师德师风建设，才能更好地培育学生，建设良好的办学氛围。因此，学校管理者和教师要正确认识到师德师风对学校、对教师自身以及对学生的影响及作用，从根本上重视师德师风的建设，从多方面多途径树立良好的师德师风。教师应当清晰地认识到自身素质素养的重要性以及加强师德师风建设对于学生的健康成长所产生的影响，尝试站在不同的角度和立场去思考问题，如果学生长期受到不良的师德师风影响，不仅仅是学业方面难以进步，在价值观、人生观、世界观等方面也容易出现偏差。学生是国家未来的人力资源，肩负着建设国家、建设社会的重担，而教师作为学生求学生涯中的引路者和指导者，更应该加强对教育事业的责任心，做好榜样的作用，引导学生树立优良的品德品质和正确的世界观、人生观、价值观。

在新时期树立良好的师德师风，根本上要从思想方面进行认识。因此，学校管理者应该通过开展多种师德师风建设活动，引导教师在活动中深入认识和理解师德师风的重要性及意义，不断提高自身的职业道德修养和专业素养，从而树立良好的师德师风。

教师的工作不仅在于学生的学习教学上，还在于培养学生形成良好的品德品质，这要求教师在工作中要具备强烈的责任心和使命感。通过提高自身的职业素养，言传身教，传递正确的价值观给学生。以优良的人格品质、道德水平等通过日常学习生活中的言行举止给学生树立正面形象，培养学生良好的行为习惯。密切关注学生的思想动态和行为习惯，加强与学生的沟通交流，引导学生健康成长。在新时期树立良好的师德师风对于提高教师的综合素质、促进学生全面发展具有重要作用和意义。学校管理者和教师应当客观分析当前师德师风建设存在的问题，从思想认识、组织活动、制度建设以及评价机制等方面推动师德师风建设工作，引导教师不断提升自身专业素养和职业道德素质，树立良好的师德师风。

以上就是笔者对新时代下思政教育与师德师风之间关系的一些看法。

参考文献

[1] 乔彩丰 . 浅谈如何树立新时期的师德师风 [J]. 才智 , 2016(3).

[2] 魏莉莉 . 新时期改进师德建设研究 [J]. 中国培训 , 2016(6).

二十五　高职院校党员干部落实新发展理念的能力结构和提升路径研究

刘惠娟

（上海出版印刷高等专科学校，上海 200093）

摘要：以坚持人民为中心、坚持问题导向、增强忧患意识为总体要求，在深刻把握高职院校落实新发展理念——创新、协调、绿色、开放、共享的具体内涵的基础上，通过学用结合、教育培训、考核评价等路径，进一步提高党员干部政治能力、创新改革能力、服务师生能力、协同干事能力、狠抓落实能力，进而提高党员干部落实新发展理念的能力，从而推进党员干部落实新发展理念，促进学校教育高质量发展。

关键词：高职院校；党员干部；新发展理念

党的十九届五中全会明确提出，要“坚定不移贯彻创新、协调、绿色、开放、共享的新发展理念”，要“不断提高贯彻新发展理念、构建新发展格局能力和水平，为实现高质量发展提供根本保证”。2021 年 1 月 11 日，习近平总书记在省部级主要领导干部学习贯彻党的十九届五中全会精神专题研讨班开班式上阐述了深入贯彻新发展理念的新要求，指出“全党必须完整、准确、全面贯彻新发展理念”。新发展理念要落地生根、变成普遍实践，关键在各级领导干部的认识和行动，很大程度上取决于广大党员干部的素养和能力。习近平总书记强调，党员干部特别是领导干部要提高贯彻新发展理念的能力和水平。党的十九届五中全会开启了全面建设社会主义现代化国家的新征程，提出建设高质量教育体系和教育强国的重大目标任务，并对职业教育提出了新的更高要求。为推进新时代高等职业教育高质量发展，贯彻落实《国家职业教育改革实施方案》《职业教育提质培优行动计划（2020—2023年）》等文件精神，必须进一步加强和改进党对高校的全面领导，提高高校党的建设质量。广大人民群众是贯彻落实新发展理念的最终执行者和伟大践行者，广大党员干部是贯彻落实新发展理念的引领者和组织者。

为全面落实党的十九届五中全会提出的建设高质量教育体系和教育强国的重大目标任务和对职业教育提出的新要求，本研究通过创新高职院校党建工作，提高高职院校党员干部落实新发展理念的能力和水平，使其把新发展理念内化于心、外化于行，在工作中出实招、使实劲、求实效，从而更好地推进职业教育高质量发展。

一、准确把握高职院校教育发展视域下的新发展理念具体内涵

新发展理念要求在人才培养、科学研究、社会服务、文化传承创新、国际交流合作等方面实现创新发展；要求协调学校事业发展各方面，加强党建与中心工作相融合，上下联动，干部群众齐迈步实现协调发展；要求在营造良好的教风学风校风的基础上，建设一个绿色、健康、向上、和谐的校园文化环境，落实文化育人的教育理念实现绿色发展；要依托上海市、国家对高校发展的规划而进行，同时要对接兄弟院校、区域、行业企业、社会，加强国际合作，借鉴先进和优秀的经验，秉持开放的理念，提升学校综合实力实现开放发展；要求增强广大师生获得感、幸福感、成就感，在学校教育事业高质量发展中实现价值和梦想，同时在与校、企、地、军进行共建共享中实现共享发展（表25-1）。

表 25-1　新发展理念具体内涵

理念	具体要求	作用
创新	人才培养、科学研究、社会服务、文化传承创新、国际交流合作	第一动力
协调	事业协同发展、师生上下联动	内在要求
绿色	良好的教风学风校风，绿色、健康、向上、和谐的校园文化环境	必然要求
开放	对接兄弟院校、区域、行业企业、社会，加强国际合作	必由之路
共享	广大师生在学校教育事业高质量发展中实现价值和梦想	根本目的

二、高校党员干部落实新发展理念的能力结构

结合高职教育本质和规律，党员干部落实新发展理念的能力和水平包含政治能力，即广大师生从政治高度贯彻落实新发展理念，运用党的理论创新成果指导实践、推动工作；改革创新能力，即在把握高职院校发展规律的基础上推动学校事业变革创新、改革发展；服务师生的能力，即以师生需要、问题为导向，坚持以师生为中心，切实解决师生“急难愁盼”的问题；协同干事的能力，即时刻把握新时代高等职业教育形势变化、发展趋势，运用法治思维、法治方式，加强上下联动，师生共同推动学校发展；狠抓落实的能力，即面对新形势高职院校发展的新任务和新要求，面对学校发展中的困难和挑战，党员干部想干事、能干事、干成事，敢于担当、勇于作为、履职尽责（图 25-1）。

图 25-1　落实新发展理念能力结构模型

三、提高党员干部落实新发展理念的能力和水平的实现路径

（1）制定落实新发展理念学习方案，提升党员学用结合理论指导实践的自觉性。准确把握新发展理念的科学内涵，从灵魂深处确立对新发展理念的自觉和自信，将新发展理念内化于心、外化于行。创新学习机制，探索多种有效学习形式，做好党委、二级党组织、基层党支部的理论学习。抓住党员领导干部“关键少数”，发挥引领作用，引导各级党员干部结合历史学、多维比较学、联系实际学，开展知识性、专业性学习，注重构建与新发展理念相适应的知识体系，把握新发展理念，推动学校教育事业发展各项工作。

（2）开展专题教育培训，提高落实新发展理念的五种能力。开设提高党员干部落实新发展理念能力和水平培训班，针对学生、教师、机关不同群体，分层分类进行教育培训，坚持以党员干部需求为导向，针对不同群体的培训要具有不同侧重点，不断创新教育内容、丰富教学手段，畅通培训渠道。

（3）制定党员干部落实新发展理念的考核评价机制。建立学生、教师、机关落实新发展理念评价指标，针对创新、协调、绿色、开放、共享不同维度制定不同的考核标准。把新发展理念全面融入工作考核、责任考核、干部考核中，具体体现到制度建设、工作安排、任务落实上，落实到决策、执行、检查各项工作中。通过考评，促进党员干部抢抓新发展机遇，更加精准地把新发展理念贯穿学校事业发展全过程。

二十六　韩非子思想与班级管理

金何明慧

（上海市行政管理学校，上海 201803）

摘要：韩非子是先秦法家思想的集大成者，他提出的法、势、术不仅为秦国的统一奠定了思想基础，也为中国两千年来的治国理政提供了理论指导。本文试图从班级管理的角度去阐述韩非子的法、势、术思想，以期为中等职业学校班级管理提供理论基础与实践建议。

关键词：韩非子；职业教育；班级管理

一、法与班规建设

对于法，韩非子是这样定义的："法者，编著之图籍，设之于官府，而布之于百姓者也。""法者，宪令著于官府，刑罚必于民心，赏存乎慎法，而罚加乎奸令者也。"所谓法，就是由官府制定，施之于民的强制性的法令，而刑赏就是法律的内容和途径。具体到中职校班级管理中，班规是很有必要的，没有规矩不成方圆。由于中等职业学校学生学习基础较为薄弱、学习动机不强，一定程度上需要教师更多的引导。制定班规的主体是教师和学生，缺一不可。班规约束的也不仅仅是学生，更是需要教师与学生共同遵守。班规中也可以相应地拥有奖赏与惩罚，奖赏与惩罚应该面向全体教师与学生，但是奖赏与惩罚并不是目的，最终目的是促进学生与教师的健康发展，促进班集体的良性发展。

韩非子认为，实行法治的核心首先是明法。所谓明法，有三层含义。第一，法律条文必须明白易知。法律必须越明白越好，这样百姓才能便于实行。第二，法律条文必须明确、具体，不能模糊不清，模棱两可，容易让人产生侥幸心理。第三，法律条文必须要全面，面面俱到。具体到班级管理中，其一，要求班规要明白易懂，方便教师与学生共同遵守。其二，班规要明确具体，奖罚分明。其三，班规制定要全面，涉及班级课堂学习、纪律、出勤、卫生等诸多方面。

实行法治需要任法。韩非子主张以法治国，反对以贤治国。法律是国家的一切依据与尺度，执法者不能因为个人的好恶而做出赏罚，一切都应该依法办事，不能带有偏见。在班级管理中，既然制定出了班规，就需要师生共同遵守。班规之下，人人平等。老师也不能在班规之外，不能因为喜爱某个学生而偏袒，为他免除惩罚或者加大奖励。也不能因为讨厌某个学生而取消奖励，或者加重惩罚。班规对事不对人，人人遵守，人人维护。

二、势与班主任威信

韩非子认为，法、势、术三者相辅相成、缺一不可，都是君王统治天下的强力工具。而在法、势、术三者之中，韩非子最重视势。他认为势就是权势，失去了权势，法和术就成了无根之水、无本之木。韩非子又把势分为两种，自然之势与人为之势。自然之势就是国君这个身份本来就具有的权势，所以并不是至关重要的。最重要的是人为之势，就是“所得而设之势”。人为之势包括两方面的含义：第一，指“聪明之势”，就是说身为君主要让天下人都成为自己的耳目，即使身处深宫，对朝堂、天下的形势要了然于胸：第二，指“威严之势”，这是作为一个君王的权势根本。韩非子认为，只要掌握了这两种势，君王即使是中人之资，也能统御天下。

而在班级管理中，我们不得不承认，班主任这个身份就赋予了自然之势，本身就拥有一种管理的权力，庸俗地说，就是身为班主任的权势。“聪明之势”就是不仅要求班主任要对班级中的每一个学生都了如指掌，就像父母一样，清楚每一个学生的性格、爱好、行为。还要知道班级中的学习氛围，舆论风向。这样就方便班主任对症下药，又快又准地发现班级中所存在的问题，提前干预，及时解决。但是需要注意的是，“聪明之势”并不是提倡同学们打小报告，也不是班主任在班级中安插“间谍”，这种行为不仅不利于培养学生形成正确的价值观，反而有害于学生与教师之间的信任。正确的做法是需要班主任做一个有心人，积极关心学生的成长，关注班级动态，从细微处见真情。更需要班主任放下架子，到学生中去，与学生打成一片，学生愿意跟班主任敞开心扉，自然能够更多地了解每一个学生，了解整个班级，班主任就自然拥有了“聪明之势”。

韩非子将“威严之势”视为君王权势的根本所在，维护君王的权威就成为重中之重。而在班级管理之中，我们是否要极端强调班主任的威严呢？答案是否定的。相对于“威严”，我更喜欢“威信”这个词，“威严”强调的是一种外在的强制性的服从，是一种权力因素在起作用。而“威信”更强调的是发自内心地尊重与维护，更多的是一种非权力因素在发挥作用。班主任威信是指班主任在学生中所享有的威望、声誉，受学生的尊敬、信任和爱戴，对学生所具有的一种影响力。威信是学生对教师的信赖和尊敬，是学生的一种心理状态，它是以教师正确的“学生观”为基础的。一些班主任认为使用严厉的手段，迫使学生遵守自己制定的规矩，维护自己的威严，就有利于班级的管理。这种观念是错误的。班级管理真正需要的是班主任的威信，这就要求班主任必须提高自己的师德素质，优化自己的心理品质，掌握渊博的学识，注重“首因效应”，获得学生们发自内心的拥护与爱戴，这才是班主任应该具备的“威信之势”。

三、术与管理艺术

韩非子所说的术，就是君王独有的控制和使用手下的方法和技巧，其目的是让臣子摸不透君王的心思和喜好，有利于君王的统治。从韩非子的思想中可以将术归为以下四类。一是神秘之术。君王必须时时刻刻不露声色，极力隐藏自己的爱好与思想，使臣下不能投其所好，不能猜测君王的意图，以达到天威难测的目的。二是决策之术。君王事先不能表露自己的倾向，广纳群言，兼听则明。三是用人之术。君王不仅要知人善任，赏罚分明，还要会立典范，抓典型，掌控舆论，影响群臣。四是抑制重臣之术。就是对手握大权，有声望的大臣进行抑制。

具体到班级的管理中，用术的目的并不是班主任的权威，而是班集体的健康发展。其一，作为班主任并不需要神秘之术，使学生猜不透自己的想法。反而要跟学生们阐明自己的原则，班主任是按照原则行事的，学生想要摸清班主任的爱好并投其所好，让班主任给自己方便，开后门是不可能的！其二，在决策的时候，并不是班主任的一言堂，班主任要事先听取学生们的意见，不要急于表露自己的观点，不要以偏概全。其三，班主任要善于知人善任，善于选拔班干部，善于培养班干部。要发挥班干部领头羊作用，使之成为班主任的左膀右臂，协助自己管理好班级，促进班级进步。其四，要注意班级中的小团体，注意班级中的舆论领袖。班级中的小团体和舆论领袖对班级管理有极其重要的影响，积极的小团体和舆论领袖会对班级管理与班集体建设起到促进作用，而消极的小团体和舆论领袖甚至会危害班级管理与班集体的建设。

四、问题与反思

第一，韩非子法、势、术的思想是基于人性自私的性恶论而发展起来的，而人性是内隐的，我们并不能直接判断是善是恶，只能判断行为的好坏。而人性又是变化的，有“放下屠刀立地成佛”之说，又有“手持利刃杀心自起”之说。所以基于性恶论的韩非子法、势、术思想我们并不能拿来就用，仅作借鉴。

第二，韩非子法、势、术的思想是服务于君王的专制统治的，专制的班级管理会压抑学生的思想，加深学生与教师的隔阂，不利于班级管理和班集体的建设。

第三，韩非子法、势、术的思想是一种治国思想，班级管理虽然与之有相似之处，但毕竟差异过大，需要我们谨慎借鉴。

参考文献

[1] 张富祥．韩非子解读［M］．济南：泰山出版社，2004.

[2] 张觉．韩非子校注［M］．长沙：岳麓书社，2006.

[3] 李振宏．韩非子［M］．开封：河南大学出版社，2008.

[4] 钟启泉．班级管理论［M］．上海：上海教育出版社，2001.

[5] 王薇薇．教育系统中的学生非正式团体及其管理对策［J］．内蒙古农业大学学报，2012(2)：107-109.

[6] 胡忠年．议班主任的威信以及建立的方法［J］．科教文汇（下旬刊），2007(9).

二十七　民办高职院校师德师风建设的困境及路径研究

张倩倩[①]

（上海济光职业技术学院，上海 200433）

摘要：师德师风建设是高校立德树人工作的关键所在。纵观现有研究，主要存在研究对象和研究内容宽泛的局限，如直接研究师德师风建设的有效路径或师德师风建设机制的长效性等。而本文直接聚焦民办高职院校这一研究主体，通过分析其师德师风建设的困境，提出了“坚定教师立场，提高育人意识”“加强顶层设计，巩固长效机制”“把牢政治方向，优化培养环境”三大实现路径。

关键词：民办高职院校；师德师风；困境；路径

一、引言

在新时代背景下，高职院校相关工作对师德师风建设提出了新要求。反之，师德师风建设的质量也影响了立德树人工作、高校队伍建设乃至整个教育体系的搭建，因此习近平总书记针对建设高质量教育体系提出了内在要求，即“把师德师风建设摆在首要位置”。同时，国家也从制度政策层面强调了师德师风建设的

① 张倩倩，女，上海大学法学硕士，研究方向：组织社会学。

重要性，相继出台了《中共中央国务院关于全面深化新时代教师队伍建设改革的意见》和《教育部关于进一步加强和改进师德师风建设的意见》等文件。

目前，我国高校积极响应加强师德师风建设的相关要求，将其融入日常工作中，也取得了相应成果。但是，在开展具体工作时依然面临诸多困境，尤其是对于民办高职院校而言，由于人员流动性大、资源相对紧缺等现实问题，更是面临更多的挑战。本文以民办高职院校为出发点，研究其所处的困境，有针对性地制定符合民办高职院校特点的师德师风建设方案。

二、民办高职院校师德师风建设存在的困境

民办高校的师德师风状况在一定程度上决定着民办高校的生存与竞争。加强师德师风建设有利于民办高校建设良好校风和学风，从而适应激烈竞争与发展教育事业。目前，民办高职院校虽然在大力加强师德师风建设，但依然存在教师立场不坚定、体系建设不完善、校园氛围不浓厚等困境。

（一）教师立场不坚定，缺乏主人翁意识

1.自我要求不高，立德树人信念薄弱

对于教师队伍而言，师德师风是其工作的基础与前提。然而，部分教师认为民办院校不如公办院校，把其当作跳板，因此对自我的要求较低。同样，也无法意识到作为一名高校教师的责任与担当，立德树人理念薄弱。尤其在市场经济的作用下，少数民办高职院校教师将重心放在职称评定、课题与校外兼课上，对工作岗位缺乏积极性、主动性。不仅冲击了民办高职院校的办学质量，更不利于立德树人根本任务的落实。

2.教师队伍流动性高，育人定位模糊

民办高职院校与公办院校相比，待遇相对较低，因此教师数量不稳定，流动性较大，引进困难，容易忽略师德师风的建设。主要表现在两个方面：一是教师资历结构配比不合理，民办高职院校青年教师占比较高，教师队伍大多是刚毕业

不久的青年教师，经验相对薄弱；二是专兼职比例不合理，兼职教师所占比重较高。兼职教师相对于专职教师而言，成本相对较低，在民办高职院校中兼职教师数量较多。有些民办高校平时忽略对兼职教师的师德师风督查，如兼职教师无须参加年底测评。这种情况下，容易导致兼职教师育人定位模糊，对学生缺乏责任心。

（二）体系建设不完善，长效机制有待巩固

民办高职院校师德师风是一项系统工程，需要统筹领导、多方齐抓共建才能取得好的成效。然而目前很多高职院校的师德师风制度存在空洞、缺乏合理性的问题，管理目标有待明确。然而当前对于高职院校师德师风建设工作体系没有一个十分成熟的模式，还处于探索阶段。

1. 民办高校师德师风建设顶层设计有待提升

不同民办高职院校各级领导对师德师风建设的重视程度不同，其中大多数民办高职院校由于没有专项建设经费支持，会出现轻师德师风制度落地的问题，顶层设计有待提升。

2. 主体责任落实不强硬，责任划分有待明确

目前高校师德师风建设机制还不健全，尤其表现在管理权责并不十分明确，各部门往往缺乏沟通合作，在很大程度上存在决策不统一、职责不明确、执行不通畅等问题。

3. 量化指标单一与泛化，评价体系有待健全

民办高职院校在对师德师风进行考核评价时仍普遍存在重结果、轻过程，重业绩、轻育人的问题，缺乏对师德师风的有效全面的考核办法。目前主要以负面惩罚为主，正向培养和引导为辅，甚至缺乏。尤其在民办高职院校中，教师评价往往更注重教学工作量和科研成果数量的考察，在此情况下，部分教师愿意去追求数量以获得提拔晋升，应付教学等负面情况就随之发生。

（三）校园氛围不浓厚，培养环境有待优化

1. 对于学校而言，轻师德师风建设，重教学

相对于公办院校，民办院校缺少政府的经费支持，资金大多来源于招生等，因此部分民办高职院校领导更重视招生、教学，不够重视学校内涵发展，存在重教学基本运行轻师德师风建设的现象。学校平时重点关注招生规模、教学开展和就业率等，容易忽略招生质量、教师上课质量以及师德师风建设等。优化校园的育人环境，营造良好的立德树人文化氛围还有待深入的探索。

2.对教师队伍而言，轻过程重结果

为减少人力资本，部分民办高校配备的专职教师数量有限，大多身兼数职，承担多重任务。一方面，由于其付出与收获不成正比，导致教师出现倦怠情绪，增加对学校的抱怨。另一方面，由于承担任务过多，工作压力较大，从而导致民办高职院校教师忽略自我道德修养的提升，职业道德意识淡化。

三、师德师风建设实现路径

（一）坚定教师立场，提高育人意识

（1）加强教师理论教育。民办高职院校教师应该坚持自主学习相关理论，积极参加进修培训，不断提升自己的专业知识水平和工作能力。习近平总书记指出：“扎实的知识功底、过硬的教学能力、勤勉的教学态度、科学的教学方法是老师的基本素质，其中知识是根本基础。”这句话正是强调了“教师需要做什么、应该怎么做以及怎么做得更好”，为提高教师培养质量指出了方向。社会发展迅速，学生在不断成长提高，更是要求民办高职院校的每一位老师也要不断学习提高，加强理论学习，奠定理论基础，提升自身的专业发展水平。

（2）提升教师道德素养。作为民办高职院校的一名教师，应该严格要求自己，加强道德锤炼，提高师德师风践行能力。只有教师自身提高自我意识和觉悟，爱岗敬业，才能成为一名好老师，才有助于在校园内形成良好的师德师风。此外，

民办高校教师应该端正思想，只有真正解放思想，才能客观看待公办民办的差别，正确看待民办教育的地位和作用，从内心真正热爱自己的岗位。

（二）加强顶层设计，巩固长效机制

（1）健全师德师风建设的制度保障。做实制度引导，构建师德师风建设长效机制。强化党委主体责任，构建党委统一领导、各部门分工负责、院系组织落实的整体工作体系，推进工作常态化和长效化。同时，加强对师德师风工作的统筹协调和检查督促，把教师思想政治工作开展情况纳入学院领导班子和主要负责人年度民主生活会、述职评议考核的重点内容。此外，还应充分发挥师德师风建设工作领导小组、教师工作部的作用，出台系列规范性文件，把师德师风建设工作要求融入工作的全环节、全过程。

（2）完善师德师风建设的领导机制。明确落实党委责任，构建一体化教师队伍建设机制。强化学校主体责任，坚持党委统一领导、把握方向、统筹协调，认真做好教师队伍建设顶层设计、制度谋划、重大工程实施等工作。坚持党管人才，落实教师管理工作“一把手”负责制，全面领导教师工作，优先谋划教师工作，优先保障教师工作投入，优先满足教师队伍建设需要。成立统战工作领导小组，全面加强对党外教师思想政治工作的领导和统筹，将党外教师的政治引导工作纳入学校党建工作统一规划。

（3）深化推进管理改革，激发教师内生动力。首先坚持把师德师风作为第一标准；其次加强兼职教师管理，增强责任感、认同感；最后完善“固定岗＋流动岗”的教师资源配置新机制，实行职业院校教师编制动态管理、以周转编制自主聘任兼职教师，设立产业教师（导师）等流动岗位，推进解决当前民办高职院校所面临的师资紧缺问题，激发教师的内生动力。

（三）把牢政治方向，优化培养环境

（1）以党建引领，协同推进师德师风建设。强化党建引领，加强教师党支部和党员队伍建设。在人员组方面，选优配强教师党支部书记队伍，深入实施“双

带头人”培育工程；在党员队伍建设方面，实行“一对一帮扶”机制，健全党员教师互帮互助，共同进步长效机制；在人才发展方面，建立并落实党员领导干部联系非党员教师、教师入党积极分子制度，加大在高层次人才、优秀青年教师中发展党员工作的力度；在业务合作方面，深入推进党建与业务工作深度融合，引导教师党支部围绕学科特色，聚焦学校及院系管理的重点难点问题，充分发挥党员教师先锋模范作用和党支部战斗堡垒作用。

（2）以典型示范，发挥师德先进典型作用。强化典型示范，营造见贤思齐校园氛围，从氛围上带动师德师风建设。例如，构建校内教师荣誉体系，持续开展“师德标兵”“两优一先”“我最喜欢的教师及辅导员”等优秀教师典型评选活动，以评促建，评建结合。此外，还可以通过举办教师节庆祝大会、引进人才入职仪式、教职工荣休仪式等活动，营造尊师重教的校园氛围。

参考文献

[1] 习近平．习近平在看望参加政协会议的医药卫生界教育界委员时强调：把保障人民健康放在优先发展的战略位置，着力构建优质均衡的基本公共教育服务体系［N］. 人民日报，2021-03-07(1).

[2] 董静．新时代高校师德师风建设长效机制构建［J］. 重庆行政，2021, 22(3): 92-95.

[3] 习近平：做党和人民满意的好老师——同北京师范大学师生代表座谈时的讲话［EB/OL］.［2014-09-09］. https: //news. 12371. cn/2014/09/09/ARTI1410278235178697.shtml.

二十八　新时代职业教育师德师风建设的内涵与实现路径探析

马铭珠[①]

（上海市行政管理学校，上海 200093）

摘要：师德师风建设是深化教师队伍建设改革的关键之举，是落实立德树人根本任务的先决条件。在建设新时代中国特色社会主义的伟大进程中，中高职教师是培养高素质技术技能人才、能工巧匠、大国工匠的重要生力军，因此，师德师风也应当具有新的时代内涵，结合目前职业教育领域师德师风建设的突出问题，经过探索与实践，总结出“四驱动＋四结合”的师德师风建设路径。

关键词：职业教育；师德师风建设；实现路径

百年大计，教育为本；教育大计，教师为本。习近平总书记在关于教育工作的系列重要讲话中，把师德师风建设作为提升新时代教师素质、办好人民满意教育的首要任务，将师德师风建设提到了一个前所未有的战略高度，为新时代师德师风建设指明了前进方向，提供了根本遵循。教育主管部门、学校和每一名教师都要充分认识师德师风建设的重大意义，提高政治站位，明确职责使命，抓好师

① 马铭珠，女，教育学硕士，研究方向：休闲体育学。

德师风建设，做到以德立身、以德立学、以德施教，将高尚的师德内化于心，外化于行，在学做融合中养成师德的行动自觉。

一、提高认识，全面把握加强新时代师德师风建设的重要内涵

教育是党之大计，国之大计；教师是立教之本，兴教之源。落实立德树人根本任务，离不开一批又一批师德高尚、能力过硬的好老师。践行新发展理念，构建新发展格局，教师是至关重要的力量。

第一，思想铸魂，提升政治素养。用习近平新时代中国特色社会主义思想武装教师头脑，是新时代师德师风建设的首要内容。各级教育行政部门和职业院校要引导教师自觉运用马克思主义立场观点看法，认清中国和世界发展大势，增进对中国特色社会主义的政治认同、思想认同、理论认同、情感认同，从而培育学生正确的世界观、人生观、价值观，使他们真正成为德智体美劳全面发展的社会主义建设者和接班人；要引导教师充分认识中国教育辉煌成就，带头践行社会主义核心价值观，并将它融入教育、教学、教研的全过程；要引导教师深入了解世情、党情、国情、民情，强化教育强国、教育为民的责任担当；要积极引导教师遵循教育教学规律，遵守各项规章制度。

第二，立德树人，强化责任担当。在师德师风建设中，教师必须落实立德树人根本任务，强化责任担当。首先，教师要站在国家富强和民族复兴的高度，为党育人、为国育才，树立教书育人的责任感。其次，教师要具备无私奉献的精神，积极投身于教育、教学、教研工作，要“捧着一颗心来，不带半根草去”，在奉献社会的过程中实现人生价值。

第三，以爱为核，弘扬师爱情怀。爱是教育的灵魂，师德师风的关键核心就是师爱。新时代的职教教师应该把爱作为从事教育工作的起点，做到爱岗爱生，无私奉献。应该把爱贯穿教育教学全过程、融入人才培养各环节，时刻关注学生的生命、情感、价值、信仰。应该用师之大爱去激发学生潜能、启迪学生智慧、

滋养学生心灵。应该用仁爱之心教书育人，让塑造灵魂、塑造生命、塑造新人的时代重任在教师对仁爱之德的践行中得以实现。

第四，修身正己，锤炼人格品行。人格具有力量，品行可为表率。教师的人格和品行是师德的集中体现，对学生是一种潜移默化的影响，是生命对生命的滋养与灌溉、精神对精神的感召和呼唤，能够使教师在向学生传授知识和技能的同时，时刻以强大的人格力量去影响和塑造学生的品格、品行、品位。职业院校学生正处于人生的“拔节孕穗期”，在此期间，教师以什么样的人格面对学生、塑造学生，直接影响着学生成为什么样的人。因此，新时代的教师应该始终做到修身正己，砥砺品格，学为人师，行为世范。

二、当前职业院校教师师德师风存在的主要问题

（1）政治素质有待提升，学习积极性有待提高。当前中高职业学校教师队伍从总体上看，大部分教师能够自觉地把个人追求与国家的发展建设、民族的伟大复兴结合起来，做到不断提升自身的理论修养，坚定四个自信，为新时代中国特色社会主义建设事业培养出合格的人才。但也有部分教师的理想信念不够坚定。

（2）关爱学生不够，缺乏育人意识。中职教师对学生的认可度不高，甚至还有一小部分教师对学生的态度是“无所谓”，这些态度反映出中职教师对于学生的关爱程度比较欠缺。关爱学生是教师职业道德的基础，作为教师应正确看待学生之间的各种差异，正视学生个体存在的各种问题，不应以浮躁、功利的心态对待学生。

（3）个人修养欠缺，道德行为失范。当前职业院校教师个人修养较低的表现主要有：为了追求尽快评上职称，片面追求学术成果，甚至弄虚作假、投机取巧破坏学术氛围；缺乏良好道德修养，如为一己私利套用项目经费；为在学生评教中有好成绩，平时上课对学生放任自流，对违反纪律的行为不闻不问；对待学生简单粗暴，进行体罚或有污辱人格的言行；甚至有个别教师，利用手中教育的权利，做出违反道德的事情。

（4）缺乏与时俱进、开拓创新精神。部分职业学校教师思想僵化、观念陈旧又不求进取。不去学习先进的教学方法和手段，不去主动提升自己的知识储备和技能，教学只是照本宣科，不能将理论与实际相结合，课堂枯燥单调、沉闷乏味。

（5）亟待建立科学完善的师德师风考核评价体系。由于师德师风涉及面广，关系到教师思想、行为、工作、生活的方方面面，很难进行标准量化评价，因此，考核有一定难度，亟待建立科学完善的考核评价体系。目前许多学校、地区也在尝试结合师德师风的外在表现形式，针对教师日常行为、授课方式、教学态度、学生评价等多个方面进行量化打分，但还没有形成成熟的评价体系。

三、守正创新，不断探索加强新时代师德师风建设的主要路径

新时代职业教育师德师风凸显问题是主观因素和客观因素共同作用的结果，为使师德师风建设真正落到实处，取得实效，结合近几年职业教育师德师风建设工作，逐步探索出“四驱动＋四结合”模式。

（一）党建驱动，学习与引领相结合

充分发挥党组织战斗堡垒和党员的示范作用，以抓党建引领师德师风建设，将师德师风建设作为党建的立足点、着力点。利用政治学习、党员大会、支部会议时间，讲理想和信念、讲纪律和规矩、讲制度和要求，明确党员教师的标准，增强党员教师的荣誉感。同时，积极开展多渠道、多层次、多类型的教育和培训，组织中高职教师学政策文件、学优秀传统、学师德楷模、学行为规范。将师德教育作为培训的重要内容，在新任教师岗前培训开设师德教育内容。例如，职业院校教师企业实践项目、中高等职业学校骨干教师培训、“双师型”教师培训等都将师德师风培训作为重要内容。

（二）制度驱动，激励与惩戒相结合

良好的师德师风事关教育事业的健康发展，因此，必须以制度为准绳，确定规范、标准，让教师努力有目标，行为有准则。划定红线、底线，让教师检视行

为，不触雷区。未来我们要以习近平新时代中国特色社会主义思想为指导，根据《中共中央国务院关于全面深化新时代教师队伍建设改革的意见》，进一步加强教师职业道德建设，建立和完善中高职院校教师职业道德管理长效机制，规范教师从教行为，通过调研、走访各级教育管理部门和中高职学校，开展大范围师德师风调研工作，树立新发展理念，着力健全教育、宣传、考核、监督与奖惩“五位一体”的师德建设长效机制。

（三）实践驱动，示范与参与相结合

开展形式多样、针对性强的各项师德师风建设实践活动是营造氛围、凝聚共识、提高认识、激发热情的有效手段。为加强中高职学校师德师风建设工作的力度，可多开展“践行师德 铸就师魂”师德师风优秀宣讲员巡讲活动。通过组织这些宣传活动，以先进事迹示范激励，引领广大教师努力成为有理想信念、有道德情操、有扎实学识、有仁爱之心的“四有”好老师，并深入挖掘优秀典型案例，诠释社会主义核心价值观，弘扬人民教师的高尚师德，潜心立德树人的先进事迹。

（四）评价驱动，考核与监督相结合

师德师风建设工作要想持久地开展下去，根本的办法在于要建立系统科学的师德师风评价机制，通过持之以恒的考核与监督，让优良的师德师风渗入教师的思想中，内化到教师的行动中，形成思想自觉和行动自觉。比如，可将师德师风表现贯穿教师考核的全过程、各环节。在职称评聘、评优评先、年度考核等工作中，由校领导与教职工代表组成师德师风建设工作领导小组，实时监督，发现师德师风问题苗头尽快解决。同时还引入学生评价机制，通过学生集体评价、个别问卷测评、意见建议反馈等形式弘扬师德正风正气，努力创造教学相长、师生互赢的良性循环环境。畅通监督举报渠道，从严从实抓好教师师德考核，对出现师德问题的教师坚持零容忍。

“百行德为首，做人先修德”。师德师风建设工作是提升教师素养和提高人才培养质量的内在要求、迫切需要和重要保证，是一项复杂而长期的系统工程，

涉及组织领导、系统规划、目标落实、检查监督等各个环节，是一项常态化的工作，需要我们长期扎实地开展。

参考文献

[1] 胡世玉．立德树人视角下中职学校师德师风养成途径探究 [J]．科学咨询（科技·管理），2020(9)：170-171.

[2] 张晨琛，王丽丽．新时代高职院校青年教师师德师风建设探究 [J]．天津职业院校联合学报，2019，21(4)：77-80.

[3] 任慧婷，蒋东霞．新时代中等职业教育师德师风建设的内涵与实现路径探析 [J]．河南农业，2021(27)：15-17.

[4] 章宏，姜汉荣，林德华，陶华山，周蒋浒．中职班主任队伍建设：现状、问题与对策——以江苏省为例 [J]．中国职业技术教育，2018(27)：70-76.

[5] 李力，金昕．新时代高校立德树人的内涵、难点及实现路径 [J]．东北师大学报（哲学社会科学版），2019(2)：149-154.

二十九　当代新形势下职业教育师德师风建设实用理念浅析

刘洋[①]

（上海中侨职业技术大学，上海 201514）

摘要：中国自古以来崇尚尊师重教，注重品德修养。作为教师，扮演着传道授业解惑这样一个重要的角色，师德尤为重要。在当今国家面临经济升级转型，由世界代工厂转向工业4.0，由中国制造走向中国创造。在科教兴国、人才强国的大战略下，习近平总书记提出“教育是一门‘仁而爱人’的事业，爱是教育的灵魂，没有爱就没有教育”，要求全国广大教师做“有理想信念、有道德情操、有扎实学识、有仁爱之心”的“四有”好老师，为发展具有中国特色、世界水平的现代教育，培养社会主义事业建设者和接班人作出更大贡献。

关键词：职业教育；师德师风

一、爱岗敬业、献身教育是师德的基本要求

教师的职业有苦也有乐，平凡中见伟大，只有爱岗敬业，教师才能积极面对自身的社会责任和社会义务，才能自觉、不断地完善自我，才能在教育活动中有所收获。

---

① 刘洋，女，金融管理硕士，研究方向：中国对全球股市的影响。

教师不仅仅是在奉献、在燃烧，而且是在汲取、在更新、在升华。教师要付出艰辛的劳动，但是苦中有乐，乐在其中。教师的乐趣就是照亮了别人，充实了自己。正是这种成就感、幸福感，激励着千千万万的教师不辞辛劳地为教育事业献身。

二、热爱学生、教书育人是师德的核心

热爱学生，了解学生，循循善诱，诲人不倦，不歧视学生，建立民主平等、亲密的师生关系，做学生的良师益友。教师对学生的爱，是师德的核心。教师对学生的爱，是一种只讲付出不计回报，无私的、广泛的且没有血缘关系的爱。这种爱是神圣的，是教师教育学生的感情基础。学生一旦体会到这种感情，就会“亲其师”，从而“信其道”，也正是在这个过程中，教育实现了其根本的功能。爱学生，怎么爱才是真正的爱，近来一些舆论批评某些教师是“制造自卑者的教师”。很多教师都认为，学生的优点，不夸跑不了；学生的缺点，不批改不了。因此，他们总是批评、训斥、否定学生，而很少鼓励、表扬、肯定学生。其实，在老师的眼里不应有教不好的孩子，爱学生就要对学生一视同仁，不能用简单粗暴的做法对待学生或歧视学生。应当相信每一个学生都能成功，平等对待每一个学生，发现他们的闪光点，让每一个学生都能品尝到成功的喜悦。

三、更新观念、努力创新是师德的新发展

要让学生从分数的奴隶变为学习的主人。要从以“教”为出发点转变为以学生的“学”为出发点，教为学服务，教不是统治学生学、代替学生学，而是启发学生学、引导学生学。课堂要成为学生学习的用武之地，成为学生在教师指导下获取知识、训练能力、发展智力以及思想情操受到良好熏陶的场所。教师应是教练员，不是运动员，要让学生运用感觉器官和思维器官，去学习、去实践。

四、以身作则、为人师表是师德的人格力量

在教育中，一切师德要求都基于教师的人格，因为师德的魅力主要从人格特征中显示出来，教师是教人怎样做人的人，首先自己要知道怎样做人。教师工作有强烈的典范性，为人师表是教师的美德。教师以身作则，才能起到人格感召的作用，培养出言行一致的人。

五、终身学习、不断进取是师德的升华

在知识经济时代，知识和技术更新的速度越来越快，每个人都会面临落伍的危险。在科学和技术发展速度如此之快的背景下，如果不经常处于学习状态，人们的知识结构很快就会落后于实践的要求。所以，时代要求教师必须转变学习观念，确立“边学边干、边干边学、终身学习”的观念，紧跟当代知识和技术的发展步伐。

尊重每位学生，热爱教师这份职业，不仅是个人的选择，更关乎下一代的成长和祖国的未来。爱国，爱党，爱教师这份事业，爱每一位学生，不负使命，方能对得起一名教师教书育人的神圣职责。

参考文献

[1] 黄向阳．德育内容分类框架——兼析我国公德教育的困境［J］．全球教育展望，2008（9）．
[2] 黄向阳．教育专业伦理规范导论［D］．上海：华东师范大学，1997．

三十　高职院校辅导员师德师风存在问题及对策研究

陈剑岚

（上海中侨职业技术大学，上海 201514）

摘要：高职院校辅导员是开展大学生思想政治教育的骨干力量，其师德师风直接影响到学生的健康成长和学校的稳定发展，关系“立德树人”的根本任务是否顺利完成。因此，加强高职院校辅导员师德师风建设至关重要。要加强高职院校辅导员队伍师德师风建设，必须采取加强组织领导、引导辅导员科学发展和建立健全激励机制等措施。

关键词：高职院校；辅导员；师德师风；问题与对策

高职院校专职辅导员是开展高职学生政治思想教育工作的主要执行者和实践者，是高职学生健康成长的指导者和引路人，是高职学生教育管理的重要力量，在学生思想政治教育、学生日常事务管理、服务学生等方面发挥着不可替代的作用。习近平总书记在全国高校思想政治工作会议上指出：“高校立身之本在于立德树人。”新时代，落实好立德树人根本任务，就是要坚定不移地培养中国特色社会主义合格建设者和接班人。加强辅导员师德师风建设，对于学校培养人才、保障学校高素质发展有着重要意义。新时代下高职院校加强辅导员师德师风建设，是学校发展的必然要求。当前，高职专职辅导员队伍师德师风建设中存在一些问题。认真分析这些问题及其产生的原因，采取必要的对策，对加强高职院校学生教育与管理工作，维护高职院校的稳定和发展具有重要的意义。

习近平总书记指出，做好高校思想政治工作，要因事而化、因时而进、因势而新。要遵循思想政治工作规律，遵循教书育人规律，遵循学生成长规律，不断提高工作能力和水平。要用好课堂教学这个主渠道，思想政治理论课要坚持在改进中加强，提升思想政治教育亲和力和针对性，满足学生成长发展需求和期待，其他各门课都要守好一段渠、种好责任田，使各类课程与思想政治理论课同向同行，形成协同效应。要加快构建中国特色哲学社会科学学科体系和教材体系，推出更多高水平教材，创新学术话语体系，建立科学权威、公开透明的哲学社会科学成果评价体系，努力构建全方位、全领域、全要素的哲学社会科学体系。要更加注重以文化人以文育人，广泛开展文明校园创建，开展形式多样、健康向上、格调高雅的校园文化活动，广泛开展各类社会实践。要运用新媒体新技术使工作活起来，推动思想政治工作传统优势同信息技术高度融合，增强时代感和吸引力。

一、高职院校辅导员师德师风存在的主要问题

当前，高职院校辅导员师德师风整体表现积极健康，大多数辅导员坚持正确的政治立场和坚定的理想信念，能做到尽职履责。然而，由于市场经济和多元文化的冲击，部分辅导员师德师风存在一些问题。

（一）责任意识薄弱

高职院校的专职辅导员与本科院校的辅导员相比，其管理工作难度要大，事务性工作要多。在很多高职院校中，只要是与学生有关的工作，不管它是否属于辅导员的工作职责范围，人们首先想到的就是专职辅导员，辅导员几乎成了统计员、传达员、服务员、救火队员、勤务兵等，这使得高职辅导员整天忙于繁杂琐碎的事务性工作，往往是付出的要比人家多，但得到的比人家少。在这种权责极不对称现实状况影响下，一些辅导员人生理想往往趋向实际，个人幸福趋向社会

给予，价值标准趋向实惠，行为选择趋向利己。突出表现是功利主义倾向比较严重，尽管许多人口头上反对大利大干、小利小干、无利不干，但行动上却常常以此为标准。具体表现在处理个人与集体、索取与奉献、理想与现实的关系上，一旦产生冲突，经常强调“个人、索取、现实”的多，考虑“集体、奉献、理想”的少。

（二）职业认同感和成就感不高

职业认同感一般是在长期从事某种职业活动过程中，对该职业活动的性质、内容，职业社会价值和个人意义，甚至对职业用语、工作方法、职业习惯与职业环境等都极为熟悉和认可的情况下形成的。职业认同感是人们努力做好本职工作，达成组织目标的心理基础。职业认同感会影响员工的忠诚度、向上力、成就感和事业心。目前，在高职院校学生管理实际工作中，由于辅导员队伍待遇低，人员流动性大，平时工作事情繁杂，工作量大，常常是“两眼一睁，忙到熄灯”，给辅导员一种无所作为，没有出头之日的感觉，总认为自己也没有做成什么事情，工作的目标性低，工作跟在学生后面，有的辅导员甚至产生自己不愿意接受自己，自己都感觉自己没有本事的错觉，职业认同感和成就感比较低。

（三）表率意识薄弱

高职院校辅导员与大学生接触最多、交流最多，其言行举止对学生有着广泛的影响。为此，高职院校辅导员要增强表率意识，提升个人修养，通过自己的言行举止对学生的日常行为形成示范和引导，以自身高尚的道德情操引导学生健康成长、发展成才。但是，高职院校部分辅导员表率意识不强，不注意自己的言行举止，忽略了自身言行对学生的示范引领作用。如辅导员教育学生要爱学校，自己却对学校抱怨不断；教育学生要与同学和睦相处，自己却与同事不和；教育学生保护环境，自己却乱丢垃圾；教育学生要守时，不迟到不早退，自己却开会迟到、上班早退；教育学生上课要认真听讲，自己却开会玩手机等，言行不一，不仅对学生产生不良的影响，也会影响到教育的效果。

二、高职院校辅导员师德师风存在问题的原因

（一）社会层面

一方面，在市场经济和多元化思想的影响下，人们价值取向的诱惑因素不断增多，个人主义、功利主义的价值观开始流行。这也不同程度冲击了高职院校辅导员的价值取向。部分辅导员价值观发生偏差，他们追名逐利、急功近利，追求享乐主义，奉行实用主义，将辅导员这个职业作为谋生手段，专注于个人利益的追求，忽视了辅导员职业的育人职责与社会价值，缺乏服务意识和奉献精神。另一方面，社会对辅导员职业的认可度不高，认为辅导员工作既没有技术含量也不是很重要，导致辅导员的职业认同感和归属感较低。工作任务重、压力大但成就感低，认可度低，导致部分辅导员不愿意终身从事辅导员工作。因此，他们对辅导员工作缺乏热爱，缺乏敬业精神，对学生缺乏耐心、爱心和责任心，岗位意识和育人意识都很薄弱，不愿意沉下心来踏踏实实地做好繁而杂的学生工作，而是将更多精力和时间放到有利于个人发展的方面。

（二）学校层面

一是高职院校对辅导员师德师风建设的重视度不够。高职院校注重辅导员学识能力培育，忽视辅导员师德师风建设；注重辅导员职业能力的建设，忽视辅导员职业道德的培育；注重辅导员学识水平的提升，忽视辅导员德行品格的培育；注重辅导员工作能力的提升，忽视辅导员工作作风的建设。二是高职院校辅导员师德师风建设制度不够健全。高职院校对辅导员师德师风建设还缺乏行之有效的管理、培养、激励和监督评价机制，致使辅导员师德师风建设缺乏必要的驱动力与指导监督。三是高职院校辅导员岗位职责不清，任务过多。辅导员工作多而杂，凡是与学生相关的事务皆是辅导员的工作。此外，高职院校还要求辅导员承担其他行政工作，甚至教学和科研工作，导致辅导员没有时间和精力去充实思想道德精神、加强政治理论学习、提升职业素养，不利于辅导员师德师风建设。

（三）个人层面

一是高职院校辅导员对师德师风建设重要性的认识不够。部分辅导员认为师德师风对个人的职业发展影响不大，他们注重自己的职业能力和业务水平的提升，忽视自身的思想道德水平、职业素养的提升。二是高职院校辅导员多数是“80后”“90后”，大多数为独生子女，个性方面相对比较自我。他们身处“价值多元化”时代，容易受到享乐主义、功利主义等消极价值观的影响。有些辅导员追求享乐主义，不愿意终身从事又苦又累的辅导员工作，辅导员工作只是临时岗位，缺乏爱岗敬业精神；有些辅导员崇尚功利主义，不愿意花时间和精力处理繁杂却看不到成效的学生工作，缺乏服务意识和奉献精神；有些辅导员追求时尚、个性张扬，忽略了现实生活中言行举止的规范，不能做到“身正为范、为人师表”，育人意识不强，难以发挥榜样示范作用。

三、高职院校辅导员队伍师德师风建设的对策

（一）加强组织领导

辅导员队伍是高职院校师资队伍的重要组成部分，是维护学校稳定、发展的重要力量。高职院校党委应把辅导员队伍师德师风建设工作摆上重要议事日程，要认真研究这项工作中存在的具体问题及其形成的原因，从决策层面来研究稳定辅导员队伍建设的具体措施，建立健全辅导员队伍建设的工作机制，营造辅导员队伍建设的文化舆论环境。

（二）引导辅导员科学发展

辅导员是高职生健康成长的指导者，其工作是神圣的，应该受到全社会的广泛关注和尊敬。由于收入低、工作量大、晋升希望渺茫等因素困扰，致使辅导员队伍流动性很大，辅导员队伍人心不稳，人心思变。要解决这个问题，就必须给辅导员成长的空间和发展机会，帮助辅导员做好职业生涯规划，指明发展的方向，即引导辅导员走“学者型”、职业化道路。辅导员队伍走“学者型”、职业化道路，

可以让辅导员在提高自己学历层次的同时，增强自己的能力，增加自己的自信，也会增加自己做这项工作的底气。“学者型”辅导员“上得课堂，下得基层，出得思想，搞得研究”。辅导员可以参加各项科研，职称晋升自然不再困难，辅导员可以参加的活动多了，收入也会在“职业化”发展中得到提高。其自身职业归属感和师德认同感也会感觉更加强烈。

（三）建立健全激励机制

辅导员队伍师德师风建设的激励机制，必须有利于调动辅导员工作的积极性和创造性，最大可能地开发辅导员的潜能，营造一个识才、留才、荐才、育才、用才的工作环境。高职院校在制定人事制度和教职工利益分配的各项政策时，要充分关注辅导员队伍这一利益群体的诉求，要切实体现辅导员师德师风建设的目标要求，提倡和鼓励自觉遵守职业道德、无私奉献、爱岗敬业的行为，将思想引导与利益调节、精神鼓励与物质激励相结合，推动辅导员师德师风建设不断向前发展。同时，高职院校还可以通过评选辅导员中的“师德标兵”“学生心目中的引路人”等先进个人的形式激励全体辅导员自觉自愿地参与到师德师风建设的活动中来，提高他们的工作积极性，激发他们的工作热情。

习近平总书记强调，要教育引导学生正确认识世界和中国发展大势，从我们党探索中国特色社会主义历史发展的伟大实践中，认识和把握人类社会发展的历史必然性，认识和把握中国特色社会主义的历史必然性，不断树立为共产主义远大理想和中国特色社会主义共同理想而奋斗的信念和信心；全面客观认识当代中国、看待外部世界；正确认识时代责任和历史使命，用中国梦激扬青春梦，为学生点亮理想的灯、照亮前行的路，激励学生自觉把个人的理想追求融入国家和民族的事业中，勇做走在时代前列的奋进者、开拓者；正确认识远大抱负，珍惜韶华、脚踏实地，把远大抱负落实到实际行动中，让勤奋学习成为青春飞扬的动力，让增长本领成为青春搏击的能量。

习近平总书记强调，教师是人类灵魂的工程师，承担着神圣使命。传道者自己首先要明道、信道。高校教师要坚持教育者先受教育，努力成为先进思想文化的传播者、党执政的坚定支持者，更好地担起学生健康成长指导者和引路人的责任。要加强师德师风建设，坚持教书和育人相统一，坚持言传和身教相统一，坚持潜心问道和关注社会相统一，坚持学术自由和学术规范相统一，引导广大教师以德立身、以德立学、以德施教。

参考文献

[1] 徐坤鹏．加强高职辅导员师德师风建设的几点思考 [J]. 高等农业教育，2010(11).
[2] 魏斌．高校青年教师师德师风建设内外原因分析研究 [J]. 教育探索，2011(5).
[3] 金丽荣．加强师德师风建设，优化高校教师队伍 [J]. 佳木斯大学社会科学学报，2010(6).
[4] 刘英，曹鑫．地方本科院校师德师风建设存在的问题 [J]. 衡阳师范学院学报，2010(10).
[5] 朱文杰．高职院校辅导员队伍现状分析及对策 [J]. 无锡商业职业技术学院学报，2006(3).
[6] 崔红丽．新时期高职院校师德建设刍议 [J]. 黑龙江教育：高教研究与评估，2011(5)：29-30.
[7] 李有斌．高职院校青年教师师德建设对策 [J]. 职业技术教育，2008(14)：62-63.
[8] 陈万柏，张耀灿．思想政治教育学原理 [M]. 北京：高等教育出版社，2007：226.
[9] 郭夏娟，应杭．卑贱与我无缘——伦理学精华 [M]. 上海：上海文化出版社，1990：34.
[10] 熊红菊．高职青年教师专业化发展的思考 [J]. 温州职业技术学院学报，2011(3)：23-25, 29.
[11] 张洁．论我国高校青年教师激励管理——以双因素理论为视角 [J]. 黑龙江高教研究，2007(12)：89-91.
[12] 季琼雨．高中思想政治课赏识教育存在的问题与对策 [D]. 武汉：华中师范大学马克思主义学院，2013：43-44.

三十一　浅析高职教师师风师德建设的现状及措施

赵佳

（上海出版印刷高等专科学校，上海 200093）

摘要：现阶段职业教育已经被纳入我国基础教育体系，为我国培育优秀职业人才的目标提供了强大的基础保障。目前我国的职业教育正在经历一个深化发展的阶段，从我国职业教育的发展现状来说，总体发展面貌良好。但随着职业教育的改革越来越深入，改革的过程也越来越艰难。从整体上而言，我国职业教育已经成为整个教育体系的重要组织力量。随着职业教育的发展以及大众对于职业教育的认识有全新的改变，高职教师的需求量越来越大。目前在新课改背景之下，高职教师也面临着提升职业道德素养，营造良好师风的重要任务。本论文着重探讨的是我国高职教师师风师德建设的基本面貌以及存在问题，并且提出相应的具体改进措施。

关键词：高职；教师；职业道德

习近平总书记曾对职业教育工作作出重要指示强调，在全面建设社会主义现代化国家新征程中，职业教育前途广阔、大有可为。那么，如何做好高职院校的内涵建设，青年教师的师德师风建设显得尤为重要，因为这直接关系到新时代接班人的培养。

一、高职教师师德建设现状分析

目前我们国家高职院校的规模正在不断地扩大，这使得职业教育的生源量日益增大，对教师的需求量也明显提升。截至 2022 年 6 月，全国高职院校数达到了 1522 所，其中本科层次院校 33 所，专科层次院校 1429 所，公办院校占 75.4%，民办院校占 24.6%。现全国高职院校 2021 年校均在校生数约为 9300 人。其中双高校的校均在校生总规模已达 13600 多人，非双高校的校均在校生总规模达到了约 8600 人。相比 3 年前的数据，整体而言，高职院校的在校生规模增长显著。而按照《2022 高等职业教育质量年度报告》的数据统计，2021 年校均专任教师数量约为 385 人，其中公办高职院校为每校 399 人，民办高职院校为 341 人。相比 3 年前的数据，分别增加了 54 人和 71 人。相对而言，民办高职院校的教师数量增长幅度比公办高校更大。随着职业教育对我们国家基础教育的重要性越来越凸显，国家的政策也开始越来越倾向于职业教育的发展。从整体上而言，高职教师的队伍规模日益扩大，但是有一个明显的问题就是目前我国高职教师的职业道德素养尚有改善空间。高职教师作为高等教育当中非常重要的组成部分，作为未来学生在职业求学路上的引路人以及知识的传授者，对学生的整个学习生涯来说非常重要。但是随着高职教师队伍的年轻化趋势越来越明显，教师的整个师德师风的建设也日益提上日程。目前我们国家高职教育的师风师德建设整体状况还是良好的，很多教师都能够表现出对学生的关心。多数教师在实际的教学和科研当中也能够有足够的耐心和责任心去培养学生良好的思维习惯，以及给学生传递正确的科学知识。但是其中依然存在许多问题，仍然有待于进一步地解决。比如一些年轻的教师教学上存在着思想懈怠，对于教学的敬业意识明显不够的问题。很多教师在工作中存在着抵触情绪，对于一些教学任务并不能够非常快速而且准确地完成。还有部分教师并没有严谨的教学态度，对于学生的成长和学习关心程度不够，没有做到真正地为学生考虑，从学生的视角出发去思考问题。所以我国高职教师的道德教育仍旧是任重而道远的。

二、高职教师师德师风建设过程当中存在的问题

从整体上而言，高职教师师德师风建设过程存在以下几方面问题，首先就是理想教育的缺乏。随着社会的现代化水平越来越高，物质基础已经成为很多人最重要的追求，金钱至上的观念影响着很多教师和学生的选择。而部分教师会将这种拜金意识明显地在教学的过程中表现出来，过分地强调学生所学习的专业在未来市场上的就业情况，太重视学生的成绩，而并不重视学生在日常生活中其他方面综合素质的培养。这就导致很多教师在教学当中存在严重的功利性思想，缺乏教学的耐心。在具体教学时，教师并没有给学生积极地传递良好的学习观念和学习意识，没有给学生进行理想教育，反而是一味地强调就业率和提升学生的就业能力等问题。因为对于很多高职学生来讲，就业是学生应该考虑的头等大事，并且有很多高职教育就是以就业为最重要的目标和教学的导向，所以规划教学内容和制定教学大纲等都是围绕着学生的就业来考虑，没有注重德育的培养。

其次，教师的政治素养是师德师风建设的核心和基础，政治素养直接影响教育是否坚持社会主义方向。当前，高职院校教师大多数政治素养较强，特别是课程思政的政策实施以来，广大教师在提高课程思政能力的同时，自身的政治素养也正在不断提升，但仍然存在政治素养不高的情况，导致教师的职业理想与育人信念不坚定，大大影响了教育、教学效果。教师的理想信念不坚定势必影响其教书育人的效果和国家教育事业的发展。

再次就是在教学的过程中，很多教师并没有积极良好的教学态度和严谨的治学精神。由于高职教师经常需要面对的是学习意识有待提高的学生，这就导致很多教师在面对这样一群学生时，教学的思想和教学行为难免会有些倦怠。很多教师在教学的过程中过分地关注学习的成绩，并没有去将学生的综合素质作为教师教学过程中的重点内容来进行教学，最后的结果就是忽视学生整体综合能力的发展，而过于关注学生的在校成绩。这种教学方式和教学手段最主要的问题就是忽略了教师育人的基本原则，因为从本质上讲，教师的教学是一个双向的活动，教

师应该在教学的过程中积极地和学生进行正当的、合理的沟通，促进学生对教师所教授的知识能够有一个正确的掌握和理解。

三、改进高职教师师德师风建设具体策略

（一）完善师德师风建设体系

（1）高职院校应制定更为完善的、长期的发展规划方案，加强对青年教师的思想政治教育工作，制定出明确的目标及实施方案；（2）成立青年教师师德师风建设领导小组，负责学校师德师风建设的总体规划、宣传教育、政策制定、检查评估等工作，明确当前教学任务，对教育、科研责任进行准确划分，完善当前的师德师风框架体系；（3）结合当前高职院校实际发展情况制定出针对青年教师的行为准则，对教师的工作状态、在校生活状态进行有效规范；（4）高职院校应该注重从政策上为青年教师搭建职业发展通道，对原有的职称评价制度进行完善，将鼓励优秀青年教师作为制度设定的根本，制定出相应的选拔激励机制，从先进青年教师中选拔出年度骨干青年教师、年度模范青年教师，培养出更多高素质、师风师德体系完善的青年教师；（5）为了可以对青年教师的分工责任制响应落实情况进行准确检测，应该确定监督考核评价机制，将监督方式设为行政监督、教学内容监督、考评监督，将监督主体定为教师管理组织机构，教学管理服务人、学生及教师，构建多方参与的师德监督体系，同时细化师德师风评价内容，将评价内容分为道德取向、价值观念、社会责任感、敬业精神、学术研究等若干项，并将师风师德建设纳入高职院校的年度考核内容中，建立统一的指导制度，使思政工作的推进获得现实基础；（6）在确定青年教师师德师风评价体系时，要应用多元化的评价理念，从评价标准、评价内容、评价主体这三方面来进行，将教学成绩突出的青年教师作为典范，构建起学生反馈、教师互评的多元化评价机制，量化师德师风评价标准，合理设置师德师风评价内容的赋分比值，这样可以使最终的评价结果更具参考价值，使青年教师评价标准不断完善。

（二）开展形式多样的师德师风教育实践活动

在新时代背景下，高职院校在对青年教师进行师德师风建设的过程中，应该注意对方法进行合理选择，需要进一步提升师德师风教育实践活动的多样化程度，注重强化青年教师的自我教育，可以尝试从以下几个方面进行。第一，高职院校要想保证青年教师师德师风建设的持续性，可定期在院校内部开展教师师德师风教育讲座，通过这种方式来促进青年教师对师德师风培养的重要性产生更为清晰具体的认知。同时，还应该为青年教师安排一些到校外进行交流实践的机会，进一步拓宽青年教师的视野，使教师养成良好的道德素养，在今后的教学过程中不断更新自身教学理念，对自身行为进行有效约束。第二，高职院校的青年教师要在日常生活中养成阅读的习惯，多看一些与提升教师职业道德素养有关的书籍，从道德风貌上不断完善自己，扩大育人工作所涉及的范围，这样更有利于今后教学活动的开展。

（三）热爱教育事业

热爱，是做好教育事业的根本。教师用真诚的态度、真诚的言语，与学生交流、对话，以心知心，以心比心，以心换心，才能让学生对教师露真情，说真事，讲真话。教师只有掌握学生的真实状况，走进学生的心灵深处，才能做到因材施教，从而促使学生在爱的氛围中努力学习，积极向上，同心同德，形成一个积极、向善、和谐、温暖的班集体。这样，我们的教育理想才能实现。热爱教育事业，是一种力量，教师应当不忘初心，成为“有理想信念、有道德情操、有扎实学识、有仁爱之心”的“四有”好老师。因此，要加强理论研读，锤炼内涵功底，用心阅读专业书籍，去吸收营养、开拓视野。新课程改革对教师驾驭课堂的能力提出了更高要求，教师不能再照本宣科地解读教材，师生互动会在课堂中发挥更重要的作用。

（四）不断修炼自我

成尚荣先生在书中说，教师需要种子，这种子是理想、信念、抱负、志向，是核心价值观。教师是永远的求知者，要在“求知－教育”的过程中，培育自己丰厚的精神与学养。教师需要不断修炼自我，成为精神丰富、灿烂的人，才能进一步去引领学生健康成长。铸魂育人，教师首先得铸好自己的灵魂，育人先育己。所以，教学是生命对生命的呼唤、灵魂与灵魂的对话。教师要在这个过程中和学生建立起平等的师生关系，与学生一同成长，不断地完善自我。“其身正，不令而行；其身不正，虽令不从。”“言传”重要，“身教”更加重要，教师本身就是最好的德育资源，有时需要我们弯下腰融入学生的生活，有时也不妨把自己当成学生，虚心向孩子们请教。记得已故高职语文教育家于永正在学生面前，永远是一位“老顽童”，他说：“岁月的刻刀可以在我脸上刻上深深的、密密的皱纹，却刻不到我的心上。”他不断修炼自我，兢兢业业地钻研教育教学的艺术，给学生立下了做人做事的良好典范。

在新时代背景下，高职院校教育事业发展进入了一个新的阶段，高职院校应加强对青年教师的培养力度，注重青年教师的师德师风建设，为青年教师提供更多深造学习的机会，使其意识到自身存在的不足之处。而作为青年教师不仅要具有专业知识教学能力，还要具有一颗仁爱之心，进一步提升职业道德素质、社会责任感及使命意识，以促进高职院校教育事业的整体创新发展。

参考文献

[1] 聂伟进．“双高计划”背景下高职教师专业发展：机遇、困境与突围 [J]．中国职业技术教育，2021(10)．

[2] 张蕊，彭晓松，常淑香．浅谈教师师德师风建设 [J]．传承，2012, 24: 60-61.

[3] 刘汉举，刘桂红．浅谈高校青年教师师德师风建设 [J]．科技经济市场，2015, 11: 220.

三十二　学高为师、德高为范

郭洪菊

（上海出版印刷高等专科学校，上海 200093）

摘要：本文从暑期本校组织的“师德师风建设”主题学习体会出发，从爱岗敬业，加强政治学习、提高政治素养，尊重理解服务对象三个方面论述了作为教师如何在工作中加强师德师风建设，达到提升自己的教学育人能力，培养有爱、有热心、有追求、有抱负，符合时代要求的专业技能型人才的目的。

关键词：师风师德；政治素养；教学能力

著名的教育家陶行知先生曾说过：“学高为师，德高为范。”作为一名光荣的人民教师，不仅要具有广博的知识，更要有高尚的道德。教师该如何培养崇高的职业道德？正如“要人敬者必先自敬，重师首在自重”这句话所饱含的深意，教师要自敬自重，必须首先提高自身的职业道德素养。师德师风教育活动是改善教育发展环境，转变教育系统工作作风的内在要求，也是促进教育事业健康发展的有力保证。诚信立教，首先要做到淡泊名利，敬业爱生，在为人处世上少一点名利之心，在教书育人方面多一点博爱之心；创新施教，要做到以人为本，因材施教，同时要不断加强学习，与时俱进，学习先进的教学理念和方法，更新教育观念，掌握先进的教学技术和手段。通过此次暑期学校组织的“师德师风建设”主题学习，笔者简单谈以下几点体会。

一、爱岗敬业

首先，要热爱教育事业，要对教学工作有“鞠躬尽瘁”的决心。既然选择了教育事业，就要对自己的选择无怨无悔，不计名利，积极进取，开拓创新，无私奉献，力求干好自己的本职工作，尽职尽责地完成每一项教学工作，不求最好，但求更好，不断地挑战自己，超越自己。作为一名人民教师，要从思想上严格要求自己，在行动上提高自己的工作责任心，树立一切为学生服务的思想。提高自己的钻研精神，发挥敢于与一切困难作斗争的思想和作风。刻苦钻研业务知识，做到政治业务两过硬。用一片赤诚之心培育人，高尚的人格魅力影响人，崇高的师德塑造人。只有不断提高教师自身的道德素养，才能培养出明礼、诚信、自尊、自爱、自信和有创新精神的高素质人才。

二、加强政治学习，不断提高政治素养

笔者系统地学习了《中华人民共和国教师法》《教师资格条例》等法律法规文件，按照《教师职业道德规范》严格要求自己，奉公守法，恪尽职守，遵守社会公德，忠诚人民的教育事业，为人师表。师德师风所包含的内容，自古就是“教书育人，为人师表”。但“育人”随着时代的发展，不断有新的内容，如今我们国家的目标是培育“有理想、有道德、有文化、有纪律”的四有新人。要求老师具有一定的政治素质、思想素质、业务素质。其中在业务素质上，为了给孩子创造一个良好的教育环境，要求老师掌握现代化的教学技术。师德师风应注入新内涵：第一，视野和思维不能仅仅着眼于孩子的现在，而要像邓小平提出的“教育要面向现代化，面向世界，面向未来”；第二，不能用过去的社会意识形态来教育现在的学生；第三，在教育过程中，要开发孩子多方面的智力，根据孩子的具体情况把教学具体化。笔者觉得新时代的师德师风应该是与传统的标准相互融合的。我们对班主任的选择标准是：平易近人、严中带慈、公平待人、勤奋好学。严厉并不是苛刻。传统中的师德师风与新时期的师德师风都应该是一样的，但现

在的区别在于：师生关系的变化。以前的学生对教师要绝对服从，但现在则要求教师对学生也应尊重，这是个进步。因此，新时代的教师在关爱和严格要求学生上提出了新的标准。

三、爱心是师德素养的重要表现

崇高的师爱表现在对学生一视同仁，尊重理解，爱护温柔，坚持认真对待每一个出现的问题。要做到“三心俱到”，即“爱心、耐心、细心”，无论在生活上还是学习上，时时刻刻关爱学生，特别对那些学习特困生，更是要“特别的爱给特别的你”，切忌易怒易暴，言行过激，对学生要有耐心，对学生细微之处好的改变也要善于发现，并且多加鼓励，培养学生健康的人格，树立学生学习的自信心，注重培养他们的学习兴趣。

四、孜孜不倦，积极进取

有句话说得好，没有学不会的学生，只有不会教的老师。这就向老师提出了更高的要求，不断提高自身素质，不断完善自己，以求教好每一位学生。怎样提高自身素质呢？这就要求我们一定要与时俱进，孜孜不倦地学习，积极进取，开辟新教法，并且要做到严谨治学，诲人不倦，精益求精，厚积薄发，时时刻刻准备着用“一眼泉的水”来供给学生“一碗水”。

五、以身作则、率先垂范

教师的一言一行对学生的思想、行为和品质都具有潜移默化的影响，教师一言一行，一举一动，学生都喜欢模仿，将会给学生带来一生的影响。因此，教师一定要时时处处为学生做出榜样，凡是教师要求学生要做到的，自己首先做到；凡是要求学生不能做的，自己坚决不做。严于律己，以身作则，才能让学生心服口服，把教师当成良师益友。教育教学过程中，不断丰富自身学识，努力提高自身能力、业务水平，严格执行师德师规，有高度的事业心、责任心、爱岗敬业。坚持“一切为了学生，为了学生的一切”，树立正确的人才观，重视对每个学生的全面素质和良好个性的培养，不用学习成绩作为唯一标准来衡量学生，与每一个学生建立平等、和谐、融洽、相互尊重的关系，关心每一个学生，尊重每一个学生的人格，努力发现和开发每一个学生的潜在优秀品质。在教育教学过程中，利用学科特点加强对学生的思想教育，提高他们的思想政治素质，激发他们的学习积极性，努力提高教育教学质量。

通过这次师德师风的集中学习，在以后的工作中，笔者认为要更进一步认真学习理论精神，及时掌握党的工作重点方针，与党中央保持高度的一致。

师德，即教师的职业道德；师风，即教师的行为作风。师德古来有之，不同时代对师德有不同的要求。通过近阶段师德师风主题学习，本人深刻地体会到，现代师德是对古代师德的继承与发展，知识经济时代对师德赋予了新的内涵。

在教育教学中，教师要学会尊重学生的人格，教育应该是温馨的，可以沁人心脾，润物无声。我们的教育应该多一些欣赏，少一些惩罚，以自身的人格魅力和学识魅力征服学生，教育是服务性的行业，我们要树立以人为本的育人观，做到学为师，行为范，认真履行教师的职责。在不加重学生课业负担的前提下提高教育教学质量，积极探索适合学生身心发展的教学模式，打造高效课堂。这要求我们要认真备好每一节课，做到备学情、备知识、备教法、备学法，对课堂出现的问题要有预知性，提高自己驾驭课堂的能力。教会学生有效学习的方法，提高学习能力，才能收到事半功倍的效果。要开展丰富多彩的活动，通过多种活动激发学生的学习兴趣，培养学生的实践能力和创新能力，使课外活动成为课堂教学的延伸。同时，全面了解学生的动向，积极开展有效的教育，增强教育教学的有效性，使学生在学习中享受到教育的快乐。在教学中努力做到公平公正。公平公正是太阳底下最光辉的太阳。平等地对待每一个学生，尊重学生之间的差异，面向全体学生实施教育教学，不放弃每一个学生，特别是后进生，应对他们倾注更多的关爱，以爱的智慧唤起他们学习的兴趣，以爱心点燃学生的学习智慧，让自己的学生享受到最阳光、最透明的教育，享受到教育成长中的幸福，这也是作为老师最大的幸福。

三十三　心理健康教育视域下中职师德师风建设的探索

张燕会

（上海市行政管理学校，上海 201803）

摘要：我国正处于社会主义改革的关键时期，在教育领域里，面对教育的深化改革，教师应该从一个知识传授的角色向着教学引导、德才兼备的角色进行转变，在师风师德建设上，教师可以尝试从心理健康领域入手，塑造关心学生、关爱学生的好老师形象。本文本着以生为本的理念，从心理健康教育的视角入手，探讨想要成为一名新时代德才兼备的教师应该具备的品质。

关键词：师德师风；心理健康教育；中职院校

党的十八大以来，习近平总书记对师德师风建设做出了一系列重要指示，明确提出了做“好老师”、成为“大先生”的师德师风建设标准、重要意义和基本要求。在中国特色社会主义进入新时代的进程中，各个行业都在欣欣向荣发展。在教育领域里，我国素质教育的不断发展，促进了职业教育的不断发展，对中职学校也提出了更高的要求，中职学校师德师风建设受到了更多的关注，中职学校将师德师风建设作为学校工作重要内容之一。

近年来，我国经济发展越来越快，社会对于教育的重视程度越来越高，全国各个地区开始推行新课程改革与之相适应，各个阶段的教育都在进行改革和创新，同时学校也更加重视综合素质培养。在学生综合素质中，心理健康和心理素质属于重要内容，所以在中职阶段的教育中，做好中职生心理健康教育十分关键。中职学生在接受学校教育的时候，不单单需要提升自身的科学知识，更需要重视心理健康教育，而当前做好学生心理健康教育也成为中职院校主要教学内容之一。

（一）关注学生的心理需求 开展情感教育

在心理健康教育层面，情感教育占据着很大的比例。随着时代的变化，情感教育内涵也在不断发展。现阶段的情感教育则是激发学生的潜能，尊重学生的个性，让每一个学生都能够充分发挥其优势。陶行知先生认为从心底发自内心开展的教学活动才能够发挥出学生的真情实感。新时期的情感教育需要教师尊重学生的个性，认真平等地对待每一个学生。这是教师的基本职责，也是与时俱进背景下情感教育的表现。此外，教师适当地夸奖学生便是一种爱，它可以激励学生产生正确的求知动机、浓厚的求知兴趣、强烈的探索欲望，会使学生在教师的关爱下，为实现自己的目标勇于探索、追寻成功。

（二）具备以生为本的教学理念，正确处理师生关系

良好的师生关系可以促进学生心理的健康成长。作为一名教师，必须要具备以生为本的教学理念。通过多年总结而来的教学经验，在开展教学管理工作的时候尊重学生的身心发展规律与思维认知规律，尤其是对于处在青春期的青少年来讲，教师要明白应该采取何种教学方法来面对他们，在教育过程中，教师要及时反思自己的做法，揣摩教学目标、教学进度、教学手段是否符合新课标，教学活动是否以学生为主体开展。同时，教师在处理师生关系的时候还应该采取平等互助的形式，主动去关心学生、指导学生进行学习，在言行举止上为学生做榜样。教师具备以生为本的教学理念，才能够真正地提升课堂教学实效。

（三）增设多种心理咨询辅导平台，缓解学生心理压力

中职学生正处于青春期的关键时期，无论是生理还是心理都发生着很大的变

化。在这个时期的学生对异性产生一定的朦胧感，也会因为生活或者学习不顺而产生心理压力。尤其是近些年患有抑郁症的学生数量显著上升，因此心理辅导必不可少。目前互联网技术的应用对于各行各业的发展来讲都起到了至关重要的作用，将互联网技术与心理健康教育结合在一起，可以构建心理健康工作的新格局。一方面，教师可以开展线下的心理辅导工作，为在校生提供心理咨询服务。但是另一方面，有些同学由于辈分的差异或者性格原因，不想与老师进行面对面咨询。因此，开通线上咨询通道是非常重要的，学生可以在心理咨询的过程中不必承受过多的心理负担，更容易敞开心扉，获得帮助。

在教育领域里，面对教育的深化改革，教师应该从一个知识传授的角色向着教学引导、德才兼备的角色进行转变，争做新时代“四有”好老师。

三十四　新时代中职院校师德师风建设问题与探索

隋鸿志[①]

（上海群益职业技术学校，上海 200093）

摘要：文章从中职教师和班主任师德师风现状及发展进行探讨，分析了新形势下中等职业教育师德师风建设的现状、特点和规律；结合自身案例，探索得出加强教师师德师风建设的方法和措施。

关键词：职业教育；班主任工作；师德师风

一、中等职业教育师德师风建设概述

师德师风建设一直以来都是教育工作的重点。党的十八大以来，习近平总书记高度重视教师工作，多次强调教师工作的重要意义。他指出，“人民教师无上光荣，每个教师都要珍惜这份光荣”“老师是学生道德修养的镜子”。他对广大教师提出殷切期望：“做老师就要执着于教书育人，有热爱教育的定力、淡泊名利的坚守。”回顾总书记这些话，国家对师德师风建设十分重视，希望优秀的师德师风代代延续。所谓师德，就是教师具备的最基本的道德素养；师风，是教师个人的风度，是这个行业的风气。爱岗敬业，教书育人，为人师表，诲人不倦，有教无类，这都是师德师风。好的师德师风是一个建立在可以遵循基本教育法，

---

① 隋鸿志，男，环境设计助理讲师，研究方向：室内环境设计。

并不断提升自我道德修养的大环境之上，它既可以表现为教师个人的作风，也可以表现为教师群体的作风。当今应当推进青年教师师德师风建设，强化职业理想和职业道德教育，激发教师树立崇高的职业理想，严守教育教学纪律和学术规范，完成社会主义人才培养目标。

中职院校是培养技术型人才的摇篮，中职教师不仅要传道授业，还要注重学生的心理健康及道德发展，肩负着“人类灵魂工程师”的崇高职责。中等职业教育对教师的言行非常看重，学生会潜意识地学习教师的行为，良好的师德对学生的健康成长有着促进作用，使得学生树立正确的价值观、人生观，同时教学质量也能够体现出师德师风的一部分。在中等职业教育中，班主任们扮演着重要的角色，他们保证学校德育工作的稳步进行，对学校的师德师风建设有着促进和监督作用，是班级教师集体的组织者和灵魂，并且充分发挥各科教师的作用，协调以形成教育合力、提高教育效果。青年教师的师德师风建设是中等职业教育发展过程中的重点对象，代表着学校的未来和希望，其技术素养和师德师风对学生、对中等职业教育都有着较为长远的影响。目前，青年教师师德师风良好，但部分青年教师的师德师风也存在一些问题，我们必须找出问题并将其纠正，将优良的师德师风发扬光大。

二、中等职业教育青年教师及班主任师德师风现状分析

目前中职教师主流的师德师风是没有问题的，部分年轻教师教育经验不足、理念不深刻，思想政治素养有待提升。年轻教师需要积极参加政治学习，做有理想信念、有道德情操、有扎实学识、有仁爱之心的“四有”好老师。思想政治是端正师德师风的基础，部分教师参加政治学习时间不够多，被国外的教育理念所影响，师德师风欠佳。作为教师应认真学习政治理论领会实质，并加入自己的教育教学实践之中。在班主任的师德师风建设方面，以群益职业技术学校为例，部分班主任在处理学生问题上出现过激，没有头绪，应急能力差的情况，主要由于对学生应急问题及状况缺少准备，自己没有一套完整的应对策略。部分教师对上

课目标模糊，引导过长，学生出现犯困等现象。作为专业教师应以任务引领为主，细化教学目标，确定教学流程。条条大路通罗马，让学生有任务目标，知道自己要完成什么，设计翻转课堂环节，营造良好课堂氛围。青年教师的这些行为会对学生产生潜移默化的影响。因此，将青年教师职业道德修养内化为道德自觉并融入教书育人的实践中，是青年教师成长探索实践的重要一环，也是建设良好的师风和校风的关键。

三、探索中等职业教育班主任师德师风建设

做好班主任工作是对学生的负责，是优良师风的体现。作为中职班主任首先要明确中职班主任的职责。首先班主任在班级中扮演教育者、组织者、引导者、关怀者的角色，并在基本的职责上附加其班级特色。

（1）作为教育者，在班级中应做到：为人师表，严格要求自己，弘扬爱国主义思想，坚持教育为社会主义现代化建设服务，为人民服务。全面实施素质教育，培养德智体美劳全面发展的社会主义建设者和接班人。通过学科技能实践，提升学生专业素养。给学生进行普法教育，提升学生法律意识。

（2）作为组织者，班主任应做到：组织管理班级基本秩序。积极组织班级参加爱国主义活动，技能实践和公益活动。定期组织班级召开爱国主义班会。

（3）作为学生的引导者和关怀者，班主任应做到：给学生树立积极向上的人生观和价值观，做好学生的职业生涯规划，明确奋斗目标并制定阶段小目标，保证学生的积极性，并在完成目标时给予鼓励。班主任应利用学生在一线实习期间，进行以爱岗敬业，脚踏实地，积极进取为主的教育并同时注意一线安全。关注学生心理健康，时时关注学生动态。在接手一个班级之前，应该对每个学生进行家访，了解学生生活情况，遇到困难要制定相应的方案，做到心里有底，遇事不慌。在遇到突发性问题时，应先安抚学生并在之后与家长联系。

班主任工作的严谨也是师德的体现，根据自身班主任工作探索实践经验，作为中职教班主任应注意以下几点：要熟读教育法，中职的学生一般会比较活泼，

会对课堂造成一定的影响，班主任要控制好情绪，依法教育“问题学生”。在惩罚学生时，注意方式方法不能违反教育法，如体罚就是不可以的。以下面案例为例，2016 年 9 月 26 日，由小琪在班上带读拼音，由于多读了一遍，班干部按照班主任之前立的“规矩”，要求小琪在教室讲台位置做 10 个俯卧撑。做完之后便感到腰部剧疼，在地上难以起身。被在校老师送往某市中医院就诊，当天上午 11 时左右，小琪腰部以下已经失去知觉，大小便失禁，经医生确诊为无骨折脱位型脊髓损伤、胸部完全性脊髓损伤，双下肢感觉运动功能障碍。此案例中班主任未能遵守教育法，强制做不适的动作进行体罚，导致学生受到伤害。遵守法律法规是一个教师的基本素养，是对学生安全及心理健康的基本保障。中职教班主任工作在师德师风的建设中可以将教师进行组织、调和、引导，构建良好的师风，校风。

四、新一代年轻教师应提升自身素养，钻研自身专业，弘扬师德师风

教师要赢得学生、赢得他人的信任与尊重，首先要具备足够好的专业素养及知识储备，在教授相关专业时要遵循专业总则。从教师注重发展专业特长的角度看，师德可以体现在专业知识是否过硬，准备是否充分，教学内容是否和社会接轨、为学生将来着想。教师除了被职业约束，内在也要自发性提高，呈现一种积极的状态。习近平总书记先后提出了“四有好老师”标准与“四个引路人”要求，指出“师德是深厚的知识修养和文化品位的体现”，强调教师要强化“四个服务”意识，坚持“四个统一”，“甘当人梯、甘当铺路石”，努力成为“打造中华民族‘梦之队’的筑梦人”。加强师德建设需要深入学习党的基本教育方针，绝大部分教师都有着高尚的品德，较强的事业心、责任感和使命感，在教书育人岗位上兢兢业业地工作、默默无闻地奉献，展现教师良好的职业风貌，对自己的教育事业有社会荣誉感，对教学工作尽心尽责。具体表现为：认真备课，确立教学目标及课程流程、场地；课上讲授内容时要与时俱进，积极进行课堂互动；课后布置

作业，认真批改作业，提升教学质量。根据实际情况还可加订教材加强专业知识学习。中职教师应有敬业奉献精神，对教学内容、教学形式与方法进行探索和研究，提升教学质量。

五、结论

新时代的师德师风建设需要从思想政治和专业知识以及教师基本素养三个方面入手，来提升自身素养和专业知识，进校之初缺乏经验，对自身的专业缺乏实践，青年教师在发展阶段应敢于、勤于向老教师请教，谦虚好学、取长补短，弥补专业空缺。另外，应紧跟时代发展步伐，积极学习新知识，做到活到老学到老，自强不息，开拓进取。

参考文献

[1] 李健芸. 新时代高职院校师德师风院校的探索与实践 [J]. 佳木斯职业学院学报，2013（3）：31-33.

三十五　高职教师职业道德建设的重要性

蒋丰一[①]

（上海出版印刷高等专科学校，上海 200093）

摘要：在新的时代，随着经济的快速发展和人民物质生活水平的提高，高校教师应该在自律和职业道德方面有更高的要求。提高高校人才教育质量，增加高校影响力，加强高校教师职业道德建设是提高教育教学质量的关键。同时由于高等职业教育与普通高等教育的不同，在对教师的要求也有所不同。本文基于职业教育与高等教育的不同，分析了高职教师道德建设的意义和提高措施，以期对高职教师的职业道德提升有参考意义。

关键词：高职教育；职业道德；高职教师

教育是一项重要的政治事务（培养什么人、为谁培养人），任何教育都要在政治共同体中进行。教师是实行教育教学工作的专业人员，是人类文化知识的继承者和传播者，也是学生智力发展和个性发展的训练者。教师承担着教书育人、为国家和社会培养高素质人才的历史使命。作为专业人士，他们需要一些专业的知识和技能来提供实践所需专业知识。教育系统的质量在很大程度上取决于教师的质量和对其职业的敬畏，这一观点已被普遍接受和认可。同时高等职业院校与

---

① 蒋丰一，女，博士，研究方向：文化产业管理。

普通高等院校在学生要求、教师要求和培养计划等方面又有所不同，其对不同教师的要求又有所不同。2019 年《国家职业教育改革实施方案》颁布，其中明确提出立德树人是教育的根本任务。同年，教育部等 7 部门印发的《关于加强和改进新时代师德师风建设的意见》指出，检验学校一切工作的根本标准要落实在立德树人上，而评价教师队伍素质的第一标准是师德师风。因此，受过良好专业训练、有能力、有道德、有奉献精神的教师是国家重要的财富。

一、高职教育对象的特殊性

大学时代是形成世界观、人生观、价值观最重要的时期，在此时期，大学生开始真正地认识世界、理解社会、建立格局、树立信念、培养习惯。这一时期由于年龄和认知的限制，大学生已有自己的认知但并不完善，亟须在学校的正确教育和引导下，不断学习，努力提高和完善。

与普通高等教育不同，高职教育要建立以“工匠精神”为核心价值的治理体系，“工匠精神”是职业教育的灵魂。“工匠精神”不是指简单的熟练工，而是应当在具备较强的专业性基础上能够专心致志、精益求精，同时具备坚定的专业操守，是专业精神、职业态度、人文素养三者的统一。

另外，对于教育对象的教育内容和教育方法需要针对教育对象的特征和性格进行因材施教。高职学生与本科本质上是有一定差别的。虽然分数不能决定一切，但是分数还是可以从侧面反映出一定问题。其最直接可以反映出来的问题就是学生的学习能力与自控力。整体而言，高职院校学生不同于普通高校学生，整体学习能力较差，自控能力较低，大多没有明确的人生目标等问题，文化的基本素质通常低于普通高校学生。也正因如此，高职院校学生极有可能有着思维活跃、动手能力强等优势。人才具有的特殊素质需要高职院校根据市场、企业的要求进行针对性培养。对于不同能力素质开展有针对性的精准培养，通过深化产教融合构建校企协同培育学生大国工匠能力素质的育人机制，建立企业产业学院和现代学徒制学院等校企双元、协同育人的机制，企业在培养方案、师资培养、科技创新和顶岗实训等方面实质性参与人才培养全过程。从多方向，多可能性，多实践，自身体验来培养，满足高职学生自身喜好，自身能力的专业性学习和能力提升。

因此，对高职老师的要求不仅在于其应当成为为学生“传道”“授业”“解惑”的专业人士，还应当正确地指引学生的价值观、处世观，所以加强高校教师职业道德建设对学生成长十分重要。

二、高职教育背景呈现新特点

高等职业教育，是我国高等教育的一个重要组成部分。从1984年起，我国普通专科教育就开始了从社会主义初级阶段国情出发，学习借鉴国外应用型人才的培养经验，主动适应社会经济发展需要，探索高等应用型人才培养的道路。随着国际、国内形势的发展，我国高等专科教育呈现出新的特点。

在教育背景上，首先面临新科技革命机遇，亟待高职教育引领产业转型升级。面临高新科技大发展，高等职业学校一方面要加强教学改革，以培养复合型、创造型并具有一定的动手能力的人才；另一方面要努力把新科技、新领域的先进知识和技术方法融入教学，融入人才培养之中。技术性技能型人才地位大幅提高，职业教育提供与社会经济发展要求高度配对，在全方位建设社会主义现代国家中的功效明显提高。积极开发微课、慕课、VR（虚拟现实技术）等数字化培训资源，完善专业教学资源库，进一步扩大优质资源覆盖面。《职业教育专业目录（2021年）》面向不同行业的数据驱动、人机协同、跨界融合、共创分享的智能形态等，从专业名称到内涵全面进行数字化改造，以优化和加强5G、人工智能、大数据、云计算、物联网等领域相关专业设置。近些年，全国各地城市居民人均收入平均值逐渐提高。人力资本人口总数极大，技能人才紧缺，人口老龄化倾向严重。同时，为了完善职业教育的学历层次教育，畅通技术技能人才成长渠道，国家建立“职教高考”制度，完善“文化素质＋职业技能”的考试招生办法，构建起中职、高职、本科、专业学位硕士研究生职业教育立交桥，为学生接受高等职业教育提供多种入学方式和学习方式，这些改革将给高职教师迎来更多新的挑战。

尤其是自2019年起，为缓解就业压力和解决高技能人才短缺问题，高职院校连年扩招，扩招对象除应届普高、职高毕业生外，还有农民工、退役军人、企业在岗人员、下岗失业人员、新型职业农民五类社会考生，高职学生组成更为复杂，对教师的要求进一步提高。如若高职教师没有良好的职业道德，不能潜心学习专业知识，安心教书育人，就无法满足不同层次学生对知识的需求，无法为人师表，更无法给予学生正确的引导，所以加强高校教师职业道德建设对学生成长十分重要。

三、高职教师职业道德的重要性

《大学》开篇即论“大学之道，在明明德，在亲民，在止于至善”，对于一个高职教师而言，不仅是“教”人，更是“育”人，拥有高尚的职业道德是一切工作的基础，他们从事的是一种“以责任培养责任、以灵魂唤醒灵魂”的活动，是“育人”的关键，是不断进步的源泉。近年来不断有高校教师违反师德师风的丑闻被曝出，包括在课堂上发表不正当言论，性骚扰学生、学术不端、收受学生礼金等问题，就是没有树立正确的职业道德，失去了理想信念，失去了道德情操。高职教师只有具备高尚的职业道德，树立正确的价值观和理想信念，才能把精力投入研究教学方法和教学内容上，不断提高自身的技能，才能真正地为学生着想。对学生、对学校、对社会，师德都是在教育中体现其重要性。

首先，对于学生来说，最可怕的不是成绩差，最可怕的是他们没有良好的品德。教师的思想观念、文化修养和行为品德都对学生起着潜移默化的影响。具有良好师德的教师，对学生的感染力和影响力是无穷的。这比单单的作为知识的传授者作用要大。具有良好师德的教师，才能真正做到教书育人，立德树人。相反，不好的师德环境下，培养的学生受到不好的影响，形成不健全、不正确的价值观、人生观、世界观，即使学生掌握较高的技术水平，将技术用于不好的地方，没有用于社会主义建设上，甚至对社会造成不利影响，都是我们不应该见到的。因此，良好的师德不仅有利于学生思想道德素质的提升，良好品德的养成，同时也有利于推动学生德智体美劳全面综合发展，促进大学生身心健康发展，成为可以为社会主义建设作出贡献的有用之人。

其次，对于学校来说，师德建设关系着学校的发展和未来。是学校文化建设的重要内容，对提升学校办学品位、彰显学校办学价值、丰富学校文化内涵等方面起到了积极的推动作用。一个拥有良好师德师风的学校，才能真正成为为社会主义建设培养人才的摇篮，也才能真正成为实现中华民族伟大复兴中国梦的助力。多个拥有良好师德师风的学校互相影响，就能形成良性竞争，让学生拥有良好的素质品德的同时，增强学生竞争意识，提升学生学习动力，成为“有理想、有道德、有文化、有纪律”的四有青年。因此，师德建设是我国高等学校各项工作的重要一环，也是我国高校思想政治工作的第一要务。

最后，对于社会来说，教育的过程，教师极其重要。教育是人类社会的一项崇高事业，以实现和完善人的生命意义为追求。高职教师作为教育教学和培养指导工作的主体，主要是用思想、学识和言行，通过精神世界共构和示范方式直接影响教育对象，从事的是一种“以责任培养责任、以灵魂唤醒灵魂”的活动，因而被誉为“人类灵魂的工程师”。高职教师是大学生思想的奠基者，是大学生的榜样。他们本身对事业的热爱，以及他们的思想道德素质，对大学生都有潜移默化的影响。教师是社会主义教育大军中的中坚力量之一，是青年学生成长成才的引路人，承担着为社会主义建设培育接班人的重任；而教师的素质中，师德是关键。因此，高校教师的思想道德素养和职业道德水平直接关系到国家的前途，民族的未来，社会的和谐发展和进步，关系到青年学生的健康成长和综合发展。

教育好，则国富民强。职业道德直接影响着高职教师的教学质量，而高职教师的教学质量又直接影响着国民教育培训。因此，提高高职教师的职业道德对于高等教育有着极其重要的意义。

参考文献

[1] 陈蕊．浅谈提高高校教师职业道德的途径与方法［J］．北方经贸，2013(5)：211-212.

[2] 秦拓，罗意．“互联网+”时代下的高校教师职业道德修养［J］．教育教学论坛，2017(30)：38-39.

[3] 唐宝霞，李欣．浅谈如何提高高校教师的职业道德修养［J］．企业导报，2016(9)：158.

[4] 王新清．从“好老师”到“大先生”：高校师德师风建设的基本路径［J］．中国高教研究，2021(9)：31-37.

[5] 赵骏．高校教师职业道德建设探析［J］．中国成人教育，2014(22)：128-131.

[6] 赵聪，赵彦宏．新时代高校教师社会责任问题探究［J］．黑龙江高教研究，2021，39(2)：87-91.

[7] 朱永兴，尹军良．高校教师职业道德现状分析及对策讨论［J］．教育教学论坛，2018(28)：85-87.

三十六　依托名师培育工作室助推中职青年教师专业成长

王忠[①]

（上海市群益职业技术学校，上海 200093）

摘要：上海市中等职业教育名师培育工作室于2016年启动以来，至今已运行了两期，在青年教师专业成长过程，尤其对于青年教师的师德养成发挥了巨大作用。本文通过分析名师培育工作室的作用、不足，从而提出了助推青年教师在师德师风建设背景下的专业成长几点建议。

关键词：师德师风；名师培育工作室；青年教师；专业成长

上海市中等职业教育名师培育工作室于2016年启动以来，至今已运行了两期，两期共立项涉及制造类、农业类、服务类专业近九十个工作室，在青年教师专业成长过程，尤其对于青年教师的师德养成发挥着巨大作用。

一、名师培育工作室的作用

通过调研两期名师培育工作室发现，学员通过工作室的学习培训，提升职业

① 王忠，男，教育硕士，研究方向：专业建设、青年教师专业成长。

教育理念；通过探讨和实践，探索课堂教学模式改革；通过课题研究实践，提高科研能力；通过学习各类教育教学理论知识，提升自己的综合素养，提高自身学科素养和专业素养。

（一）为人师表，涵养师德

通过工作室的培训，帮助教师提升了爱岗敬业的自觉性。在教师岗位上，以名师的标准来严格要求自己。导师以身作则，严谨治学，以“学高为师，身正为范”的师德影响工作室学员，通过各项理论学习和实践交流活动，思想上共同上进。

（二）积淀理论，提升素养

工作室为学员提供学习、研讨、交流的平台，聘请各行业资深的专家进行教研、教改、信息技术、教学管理等方面的培训指导。参加了由名师工作室平台组织的各级科研能力提升、专业教学手段提升、课堂教学改革研讨、教材编写与研讨等培训交流活动。在此平台上实现资源共享、学科互融、共探课堂改革、提升综合能力。

（三）磨炼技能，提高能力

上海市中长期教育改革和发展规划纲要中提出职业教育的目标是：让学生成为适应工作变化的知识型、发展型技能人才。职业教育是以学生掌握技能为特色的教育，如何让学生的知识技能适应社会工作的变化，关键在于教师的知识技能是否适应社会变化。而专业理论和专业技能总是不断发展的，为此教师要不断学习，更新专业知识技能，与社会岗位需求接轨。

（四）教学研讨，分享智慧

工作室为学员提高教育教学水平提供了一个很好的平台，也为学员搭建了展示自我、体现自身价值的舞台，取得了较好的效果。通过精心策划和组织主题鲜明、形式多样的工作室活动，学员们开阔了眼界，感受到当前最新的教学理念、教学动态、教学方法，加深对课程理念的理解，使专业视野更加贴近最新的教育理念，不再封闭自我，更加紧跟时代步伐。

二、名师培育工作室不足之处

从调查中发现，限于各种条件和原因，名师培育工作室也存在不足之处。

（一）学员参与培训活动的时间得不到保障

由于学员来自不同学校，加之教师日常教学工作任务繁重，工作室要凑齐大家共同的时间开展活动受限较大，特别是开学之初或临近期末，学员很难保证有充足的参与时间。因此，有必要给予这些“名师种子”必要的教学工作量减免，使他们可以有更多的时间在学习期间钻研提高，这也有利于提高名师培训工作室的培训效果。

（二）培训重点应向专业实践教学倾斜

中等职业学校专业教师是以“双师型”为要求的，就是说，教师要做到既有教授理论知识的能力，又有传授生产实践技能的能力。虽然从队伍结构上来说，可以通过从企事业单位聘请工程技术人员和“能工巧匠”形成“双师型”的师资队伍，但从名师的要求出发，其本人应该是一位“双师型”教师。通过调查发现，有关专业实践能力的培训，大大少于有关教师教学的培训，而针对中职学校专业实训及职业技能操作的培训内容更少，有必要予以加强。

（三）需加强师德师风方面的培训

教师是学生锤炼品格的引路人、学习知识的引路人、创新思维的引路人、奉献祖国的引路人，引领帮助学生“扣好人生的第一粒扣子”。教师要成为学生的引路人，教育者先要受教育，教师自身要有理想信念、道德情操、扎实学识、仁爱之心。但在调查中发现，工作室针对师德师风的培训相对较少甚至缺失，需要加强。

三、助推青年教师专业成长的几点建议

（一）名师培育工作室层面

1. 厘清思路，科学规划工作室的目标定位

工作室主持人需要对工作室的研究方向、工作重点进行整体规划设计，督促、引导工作室良性运转，可以通过项目引领，任务驱动，目标导向，使工作室成为青年教师的“高产试验田”。

2. 创新模式，搭建工作室的互助协作平台

与相关或相近专业的工作室组建协作组或研训共同体，由组长带领各工作室开展工作，组长在上级的统一要求下，对本组的研训进行全方位策划实施，和本组主持人共同研究带教方案、活动组织形式等，设计带教内容，达到资源共享，优势互补。

3. 拓宽途径，工作室开展跨界交流合作

工作室如果仅仅在工作室内部开展活动，主持人是很难发挥更大的辐射效应的，因此可以利用与中心组、职教集团、行业协会等，通过公开课、合作共建、专业研讨等形式，了解职教热点、难点和焦点问题，了解行业新技术、新工艺和新方法，使学员的职业教育视野得到提升，发挥工作室的更大引领辐射作用。

4. 多元评价，完善学员考核激励制度

制定可操作的学员培养激励制度，关注学员培养过程性评价激励和结果性评价激励，特别是每期名师培育的效果跟踪，真正发挥名师培养作用，市、区、校各级联动做好师资培养的考核激励工作，可以奖优罚劣，激励名师荣誉感，提升名师的成就感，真正最大程度发挥名师效应。

（二）学校队伍建设实施层面

1. 激发教师的学习热情和进取精神

教师专业成长的动力可以分为内动力和外动力，外动力包括源自环境的如政策要求和社会期待等；内动力是源自教师个体的个人诉求和个人意愿等。根据唯物辩证法原理，内因起决定性作用，外因是条件。因此，激发教师发展内动力，如何进一步激发教师的学习热情和进取精神，学校作为名师发展的重要平台，值得深思。笔者认为，学校实施层面应该做到以下四点。

（1）需要规划路径，助力青年教师“起步”

首先，从新教师入校开始，学校就应该根据教师自身专业特点为其设计成长路径，通过切实可行的成长措施，让新教师能够明晰自己的成长路径，保持教育的热情，并对自身进行规划；其次，科学进行阶段性考核评价，使教师能够不断完善自身规划找到专业发展的短期目标和长期目标。最后，把具有良好基础素质、鲜明个性素质、完整的必备素质的优秀青年教师作为“名师种子”加以重点培养。

（2）突出内输外送，推动青年教师成长

列为重点培养的教师，在专业上有了很大程度的提升，增强了教师自我发展的信心，此时学校应该搭建平台实现“内输外送”即输入校外专家对教师进一步进行培训，同时送出优秀教师参加校内外各类专业竞赛、名师工作室、专业组织。通过“内输外送”最大限度地使教师眼界得以开阔，汲取新工艺、新技术和新方法，通过与校外优秀教师的互动和学习，教师的发展会有更大程度的提升，从而实现自己的突破式发展。

（3）强化荣誉激励，激发青年教师成长

重点培养的教师到了一定阶段可以说已经基本成长为“准名师”，作为学校要设计荣誉激励模式，鼓励优秀，同时也可以在绩效待遇、评优评先进等方面予以倾斜。一方面促进这些“准名师”继续努力，激发动力和发展热情；另一方面树立榜样模式，促进更多的老师树立专业发展目标，激发学校整体师资的成长热情。

（4）重视建档立卡，记载青年教师轨迹

每一位教师在专业成长的路上都会有闪光的足迹，学校应专门设置“教师成长档案”，对每一位教师成长的过程有记录、有归档，这也可以作为学校对专业教师培养发展的宝贵经验，为学校后来的教师、名师以借鉴，从而加速师资队伍尤其是名师的成长。

2. 搭建多元平台，助推名师成长

（1）引领专业建设，提升教师专业归属感

专业建设历来是中职学校的重中之重，影响着学校的办学质量。近年来，课程资源建设、实训基地建设、专业师资队伍建设等方面的内涵项目都是职教改革的重头戏，通过组织教师参加各级各类教育教学研讨、课程资源建设、标准开发等活动，引领学校专业内涵建设，提升教师专业归属感。

（2）促成结对带教，激发名师的担当意识

一枝独秀不是春，百花齐放春满园。作为学校，如果仅仅培养名师而轻视了青年教师的专业成长，是得不到长久发展的，毕竟名师个体的力量是有限的，因此，积极发挥名师的专业能力和个人影响力，组建团队，如让名师结对带教新教师、牵头开展创新创业活动、课题研究等带教活动，一方面可以使学校师资队伍建设总体水平更快更优提升，另一方面也是名师担当意识的体现。

3. 青年教师个人层面

名师的专业成长受外部因素和内部因素综合影响，内部因素可以看作是个人发展的内动力，起着决定性的作用。为适应新时代教育发展的要求，名师必须在思想文化修养、专业能力、信息技术能力等各方面素养加以提升，成为专家型教师。

（1）加强思想文化修养，提升专业成长动力

教育活动是思想、思维的集中表现。如果一个教师热爱教育事业，他必然觉得教育是十分具有意义的，他也必然会在教育教学工作中获得成就感和幸福感，会为学生的成长而快乐，在付出与给予中感到满足。因此作为名师以社会主义核

心价值观为指引，加强思想道德、文化修养的学习，对于巩固塑造正确的职业观，激发积极进取的事业心，巩固和提升专业成长的动力十分必要。

（2）重视业务知识学习，提高自身综合素质

一个专家型的名师，必须要有广阔的知识视野、多元的知识结构，因此不能沉溺于过去的荣耀和光环之中，应与时俱进，认识到学习的重要性和紧迫性，使学习成为一种习惯。

①加强教育教学理论学习。教育理念是教育改革发展的思想先导。十八大以来，党中央对职业教育发展作出重要部署，提出了职教“战略观、公平观、人才观、道路观、任务观、培养观”，因此作为名师，应该时刻更新自己的观念，同时在专业成长过程中不断学习教育理论，吸纳先进的教育教学理念，才能紧跟于现代学习型社会的发展步伐。

②重视专业知识学习。专业知识是优秀教师从事教育活动的基础。随着信息社会和知识经济时代的到来，知识的更新速度加快，同时跨学科交叉的态势越来越多，学生学习知识的渠道不再是单一从学校、课堂上获取，因此教师必须不断地更新现有的专业知识结构，必须不断地拓宽知识渠道，加快信息获取速度，以应对要求越来越高的教育形势。

③强化现代信息技术学习。一个名师深厚的教学基本功不仅表现为能科学选择和运用教学方法、清晰准确的语言表达及良好的教姿教态，更是要善于创设教学情境，为学生提供学习情境，不断地改革创新教学手段和方法，熟练地掌握和运用现代信息技术手段辅助教育教学。

④努力提升教育科研能力。教育科研是用教育科学理论研究教育现象，探索教育规律的活动，一个名师的成长高度，归根结底，要看其教育科研能力的大小。因此，名师可以通过积极参加学校的教学研讨活动、课程资源建设、标准开发等工作，在工作中挖掘问题，进行研究分析，探寻规律，同时可以充分利用网络信息化平台，与名师对话，向智者求教，与同行共同备课、探究、专题学习，加强自我研修，从而提升教育科研能力。

（3）做到自觉反思，巩固名师综合能力

反思是通过思考过去的事情，从中总结经验教训的自觉思维活动，是心理学上较高层次的批判性思维活动。美国心理学家波斯纳提出了教师专业化成长公式“成长 = 经验 + 反思”，而且反思比经验更重要，如果一个教师仅仅满足于获得的经验而不进行反思，即使有多年的教学经验，也许只是教学工作的多次重复，不进行自我反思，或许永远会停留在新教师的水准上，更别说使自己成为研究型的名师。因此，名师应养成自觉反思的习惯，对于自己的工作进行全面深入的思考和总结，在学习中实践，在实践中反思，在反思中完善，弥补教育教学中存在的不足，从而使自己逐渐走向专业成长的高峰。

参考文献

[1] 刘义兵．教师教育一体化发展的体制机制创新 [J]．教育研究，2014(1)．

[2] 喻忠恩，许玲．职教师资专业化培养：层次、机构及方式 [J]．职业技术教育，2015(28)．

[3] 方健华．名师专业成长的规律、影响因素与机制——基于名师成功人生的解读 [J]．教育发展研究，2011，31(Z2)：70-78．

[4] 唐卫海，韩维莹，仝文．专家教师与新手教师教学行为的比较 [J]．天津师范大学学报（社会科学版），2010(1)：77-80．

[5] 黄露，刘建银．中小学卓越教师专业特征及成长途径研究——基于 37 位中小学卓越教师传记的内容分析 [J]．中国教育学刊，2014(3)．

三十七　在互动管理中寻求师德建设的力量

杨静茹

（上海出版印刷高等专科学校，上海 200093）

摘要：互动管理相对于传统纵向的管理模式而言，强调的是一种全新的双向互动管理模式，注重管理者的广泛性以及管理的正义性。本文主要阐释了互动管理理念的含义，并就其含义探索其对职业院校师德师风建设工作的借鉴意义，最后就互动管理理念在职业院校师德师风建设中的推进表达些许思考。

关键词：职业院校；互动管理；师德师风建设；教师队伍发展

党的十八大以来，党和国家对新时代教师队伍建设进行了全面布局，其中加强师德师风建设被提升到前所未有的新高度。习近平总书记指出：“做好老师，要有道德情操。老师的人格力量和人格魅力是成功教育的重要条件。”师德师风建设是学校教师队伍发展的总方向标。现如今经济全球化、全球信息化的背景下，社会的方方面面都在发生变革，学校师德师风建设同样面临着时代所给予的挑战。互动管理作为一种新成长起来的管理模式，正发挥着其理论的前瞻性、方法和工具的实用性，为学校师德师风建设提供了新的战略路径。本文通过对互动管理理念内涵的分析、职业院校师德师风建设现状梳理，认为互动管理理念同样可为职业院校师德师风建设、教师队伍发展带来新能量，并就互动管理理念在师德师风建设工作中的运用提出些许看法。

一、互动管理理念的含义

“互动”是一个古老的词语，对于我们来说从来都不陌生，人类学意义上表明人类在持续不断的互动中得到发展，马克思主义实践观认为社会是人们交互作用的产物，无论是在社会学层面还是哲学、心理学层面，都能找到它的影子，美国心理学家库尔特·勒温，最早研究群体动力学和组织发展，他在团体社会行为研究中曾指出，团体是一个动力整体，但是这个整体并不等于各部分之和，任何一个部分的改变必将导致其他部分的变化，并最终影响到整体的性质，即团体成员之间具有交互影响的作用，这种现象同样适用于团体与其环境所形成的社会场。结构功能理论学派认为，社会是具有一定组织结构的大系统，其各组成部分（子系统）以有序的方式交互关联，对社会整体发挥着必要的作用。学校组织本身既是一个组织整体，又是社会大系统中的子系统，尤其职业院校更是与社会分工紧密相连，它的发展与外部社会因素息息相关，同时受到院校内部各因素的交互影响，因此任何封闭的、长期单向信息流通的管理模式无异于“闭门造车”，任何单方面的“独角戏”既不符合发展的普遍性规律，亦不适用于当代职业院校构建高质量双师型教师队伍的目标愿景。

互动管理（Interactive Management）作为独立的概念多数出现在企业管理领域，在当前高度信息化的社会进程中，企业为了能够适应环境的变化、提升品牌竞争力，形成了以品牌为核心的“资源联盟体”，URP（Union Resource Planning，联盟体资源计划）管理思想诞生，其中强调交互沟通的“互动管理”被认为是管理的核心手段。它提倡品牌企业各个职能部门之间，以及品牌企业与经济资源联盟体的协作企业之间，通过快速、有效的信息工具和管理平台，实现透明、协作和互动一致的管理策略和手段，以实现联盟体资源的最佳组合和调度。以期达到文化、信息、资金、知识、人力等资源的全面互动，提升品牌竞争力，促进企业的快速发展。相对于传统纵向的管理模式而言，互动管理强调管理者的广泛性及管理的正义性。

当前我国职业院校教师队伍发展存在可持续性不足现象，教师工作热情减退、内生力不足，管理制度统一标准化与教师自主性冲突等问题突出。师德师风建设作为相较于教学、科研等硬性指标更为“务虚”的模块，往往在评价体系中显得若有若无，传统的、单一的管理模式已经不能为师德师风建设工作带来突破性的成效，这促使学校也要转变发展思路，改变管理模式，建立多元互动关系，充分调动互动主体的积极性，在自身资源有限情况下，充分挖掘新的师德建设资源，实现资源价值最大化。

二、职业院校师德师风建设现状

首先不可否认，职业院校绝大多数教师具有良好的师德修养，他们爱岗敬业、积极探索、尽职尽责，为学生成长、学校发展付出诸多努力。但部分教师可能由于成长过程中的诸多因素导致在教育教学过程中出现思想信念不坚定、经不起利益驱动和多元化文化冲击、将教育工作与收入画等号等情况。一些具体表现如下。

（一）实践经验缺乏，师德认识不足

在当前我国职业院校快速发展的背景下，职业院校教师队伍不断壮大，招收的教师学历水平也越来越高，但其中多数青年教师来自普通院校毕业生，教育教学实践经验不足，往往仅通过较短时间的岗前培训接受到师德教育（多为岗前培训的模块之一），对师德认识不足，重视度不够，在快速转变角色的情况下容易忽略自身师德修养方面的成长与提高，甚至思想出现偏差。

（二）重教学轻德育，育人能力欠缺

立德树人是新时代教育的根本任务，为师者应以德育和育人为先，而后再谈知识技能的传授。然而部分教师往往将精力集中在教学与科研工作，简单认为完成一定指标的工作量就算完成了任务，对学生思政教育并不重视，甚至部分教师认为思政教育完全是思政课教师和辅导员的工作，与专业课教师无关，对于师德师风建设类培训项目的申报更是不积极、不主动，实则一位真正能在课堂上大放

异彩的教师必定是走入学生思想和生活的，教师只有掌握了学生的思想动态，把握到他们所关心的话题，才能有的放矢地将学生带入课堂，高效引导教育；反之，教师如果没有良好的道德品行，这对学生的直接负面影响也将是巨大的。

（三）缺乏协作精神，服务意识淡薄

首先，一位教师的团队协作能力、服务意识、拼搏精神等“软实力”特征往往最能体现其师德素养，在学校评价体系中这些点往往被忽视或遗忘。教师队伍缺乏这些特质，必将导致学校难以树立良好风尚，教学质量也终将受到严重影响，并给学校师德师风建设带来一定困难。

其次，学校是一个组织系统，良好的师德风尚，归根结底要靠学校每一位教职员工良好的职业道德和教学风范的建立，除了教师本身之外，学校管理层面也应为教职工师德建设创造条件，提供有力保障。当前职业院校师德师风管理制度普遍存在不专业、不完善现象，相关制度制定与专业人员队伍构建还不够完善。主要表现如下。

①管理模式简单，评价主体单一。许多职业院校在师德师风建设方面的管理工作多为阶段性、应急性工作，通常随着某一项事务而发生，比如职称评审、项目申报等。评价主体和评价维度也相对比较简单，党支部承担了大部分的评价工作，没有形成系统化、网格化的教育、宣传、评价、监督、奖惩等师德可持续发展体系，条线单一，缺乏规范合力。

②师德培养体系不完善，专业队伍配备不足。当前不少职业院校教师工作部挂靠在人事处、组织部或宣传部，人员精力和时间多集中在职能部门业务层面且师德建设专业性不足，不能全身心进行师德培养体系建设，多采用或借助部分学习平台开展阶段性培训教育，导致学校并没有形成完整的教育培训、宣传引导、评价奖惩机制，远远达不到常态化、一体化培训结构的要求，收效甚微。

总而言之，学校良好的教风、学风和校风，不靠别的，归根结底要靠学校每一位教职员工良好的职业道德和教学风范的建立，并提供保障。

三、互动管理理念在师德建设中的迁移

学校作为一个以育人为目的的组织机构，首先其内部成员之间不是严格意义上的领导与被领导的关系，组织成员之间相互联系又彼此保持独立，称之为松散结合体。其次作为一个整体，其互动对象有别于企业，而是家庭、社区、企业、合作院校等不同性质的组织类型（见图 37-1）。因此企业联盟之间可以以共同的经济目标来互动协作，而学校在这方面可能就显得没那么轻松，想要将各方凝聚在一起并非易事，如当前我国社区主动参与教育的意识还比较薄弱，学校挖掘社区教育资源的能力亦不足，政府也未给予较明确的指导措施，如何引导社区与学校互动共长还是一项比较艰巨的任务。所以在进行迁移的过程中要因地制宜，充分考虑学校及其环境的现状，杜绝全盘照收，要以权变的思维进行合理借鉴。

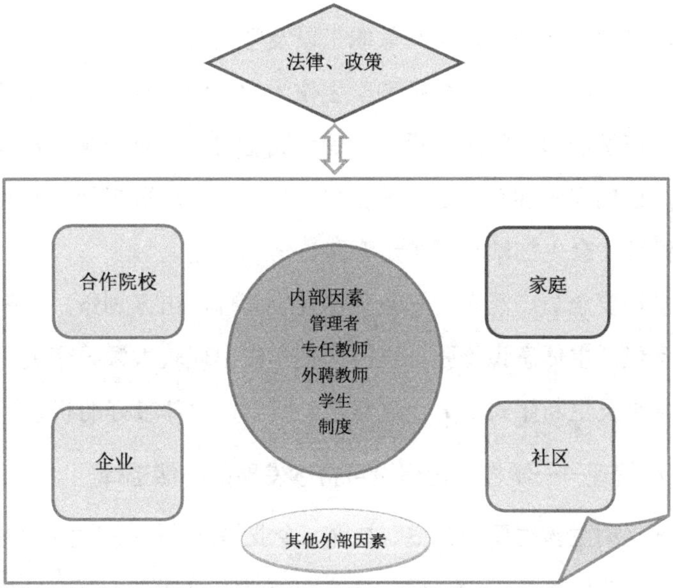

图 37-1　职业院校发展面临的内外部因素

（一）互动管理——学校师德建设改革的推动力

学校改革发展需要源源不断的内生力。互动管理重要的一点是被管理者能积

极、主动地参与到整体管理当中来，提出管理建议，反馈管理信息，提升管理效能，在组织内部实现一种交互管理模式。学校是以育人为目的的组织，无论教师和学生，还是校长，大家为了共同的教育目标在奋斗，彼此之间更多的应该是合作，而不是严格的上下级关系或者激烈的竞争关系，应该共同致力于良好师德风尚的构建，因此互动管理理念在学校管理当中的运用有丰富的实践意义。

在现代职业院校走向开放的背景下，学校自主性的提升受到重视，这将使学校转向寻求发展的“内生力”，而内生力的来源离不开内部成员之间的全面合作与互动平衡。互动管理的正义性要求学校管理者要将每一位学生和教师的发展视为学校发展的宗旨。它不会关注一部分学生而忽略另一部分学生，更不会牺牲一部分学生的利益为另一部分学生服务。横向教师之间、学生之间以及管理者之间的合作，不仅有益于互动主体的专业成长，同时也为学校师德建设带来活力，大大提高效率。纵向主要是管理层与教职工以及学生之间的良性互动，站在不同位置的人往往会有不同的视角，教师和学生作为学校的核心成员，除了课堂活动主场之外，应该在学校师德师风建设方面受到民主对待，对于学校发展的更多实践与细节问题，他们理应拥有一定的发言权，只有管理层重视他们的想法与意见，学校的改革推行才会更加顺利、少走弯路。

总之，学校要全员广泛参与学校师德建设管理，出谋划策，大家共同担负着学校教育的责任，主体意识增强，这样即使学校出现较大领导变更，也不会使学校教育教学水平发生断崖式下滑，这将是一所学校内部最好的状态。

（二）互动管理——学校师德建设可持续发展的必然选择

学校外部互动主体主要是家庭、社区、企业等，以往关于学校与家庭、社区、企业要加强合作的研究并不少，但具体实践效果收效甚微，有的只是流于形式，实际并未制定相应的制度措施，也未发挥出预期成效；有的则只是寄“互动”于几场活动，涉及小部分学生或教师，并无广泛影响。细看这种互动仍是“附属型关系”，比如学校主导，家庭、社区、企业附和的一种互动关系，而非我们要追求的“双向互动关系”。这使得互动效果甚微，不仅会造成一定教育资源的浪费、徒增学校教师的压力，同时对家庭、社区、企业来说，这种“互动”也极有可能沦为负担，适得其反。而互动管理理念强调管理的民主性、正义性，重视互动双方的平等交流与成长，而非一方从属于另一方。因此，学校在与家庭、社区、企业进行互动时，不能仅仅考虑“对方能帮我分担多少？”“我能从对方获取什么？”同时也要思考“我能给予对方何种帮助？”“如何才能有效利用资源促进双方共同发展？”以更为积极的眼光来看待彼此之间的关系，互相取长补短，充分挖掘师德教育资源，呈现多元、优质的师德教育素材。学校、社区、家庭、企业处于相互影响的关系网络中，主体之间要形成“凝结点”，平等交流、高效合作，协同构建育人共同体，提升师德可持续发展能力。

四、从观念到实践：互动管理理念的推进

（一）形成开放、民主的办学理念，构建一体化师德培训体系

首先，办学理念是学校的灵魂，体现着学校的整体价值观，开放、民主的办学理念是学校实行互动管理的前提和基础，一所学校如果没有清晰、良好的办学理念，就好比无根的稻草，盲目混乱，更无从谈起师德师风。办学理念是学校过去与现在的所有成员，在分析学校的过去、现在与未来的基础上共同提出来的。因此管理者首先要起到关键带头人的作用，提炼学校历史发展历程中的有利因素，立足现在、展望未来，形成全体成员一致认可的、有利于师德发展的办学理念，从源头上夯实开放、民主的价值观根基。同时管理层也要注意培养教职工和学生的民主意识、管理意识，为其今后参与学校师德师风建设工作打下思想基础。

其次，学校要建立专项师德师风培养体系，贯穿教师职业发展生涯，建立师德成长档案，有目的、有计划地开展常态化培训、宣传、评价、奖惩等活动，切实将师德师风建设落到实处。

（二）推行分布式领导模式，夯实师德建设领导团队

学者张新平曾指出：分布式领导要求引导教职员工反思当下学校领导的优缺

点，要求营造一种合作、积极、彼此信任的组织文化；要求共同愿景的分享与践行；要求责任共担与合理赋权。当前我国职业院校的师德管理中，普遍存在两种情况：一是管理者完全掌权，不愿甚至不会向教职工分权；二是教职员工往往抱着“事不关己高高挂起”的心态。这种现象往往会使得学校师德管理工作因为管理者的单方面退出而完全中断，优秀师德风尚“昙花一现”。可持续领导理论（Sustaining Leadership）强调可持续的成功在于在共同体内部创造一种分布式领导文化，因此学校追求的应该是教师主动进入自组织状态。这就要求师德建设的责任不应该完全集中在管理者的身上，而应该合理分布在全体教职工身上，推行分布式领导模式，形成责任分担，构建规范合力。

要构建管理合力，就需要专业化领导队伍，职业院校党委、行政要提升专业化管理能力，调动各部门通力合作，真正把师德师风建设融入学校发展，渗透到教育、服务和管理各环节。要建立多元主体组成的师德师风建设工作小组，把师德师风建设与学校人才培养、科学研究、文化建设、社会服务等工作结合起来。

（三）制定有保障的交流互动制度，充分发掘师德教育优质资源

除了学校内部的互动制度之外，学校的外部互动同样需要制度指导，以保障学校外部互动的良性秩序。比如学校如何与合作学校、普通高等院校互动，如何团结企业、社区这些强大的资源体加入学校师德建设队伍，如何建设有利于互动交流的平台等，这仅仅依靠学校自身的努力是远远不够的，还需要政府的支持，法律和政策的指引。没有明确的制度作保障，互动主体责任意识淡薄，很难建立牢固的合作关系。

总之，在如今大发展大变革的时代背景下，互动管理是学校师德师风建设可汲取的有效管理理念，对于学校这个受多方团体影响的特殊组织来说，身处于一个复杂系统，改革会遇到许多意料之外的困难，需要长足的时间和精力，但是佩特森说过，人们在改造世界的过程中常常会出现一个致命的错误——条件难题，总是想着“只有当甲和乙发生后，才会做好自己的工作”。这告诉我们要正视问题，

立足现实，从我做起，立即行动，有行动才会有结果。当然，立马行动不代表“赶工”，改革是需要耐心和时间的，切不可操之过急、走马观花，出现形式化、空心化现象，要立足现状、明确“就近发展区”，逐步达到理想目标。

参考文献

[1] 习近平．做党和人民满意的好老师 [N]．人民日报，2014-09-10(2).

[2] 江怀雁，刘豫黔，刁庆东．高职院校青年教师师德师风建设浅析 [J]．山西师大学报（社会科学版），2013，40(S1)：137-139.

[3] 胡蓉，章雷．解读 URP：一种新的企业管理模式 [J]．情报杂志，2004(6)：48-50.

[4] 何春艳．互动管理在企业管理中的应用 [J]．科技经济市场，2007(2)：127.

[5] 陈学军．学校发展的现实困境与可持续学校领导 [J]．教育发展研究，2010，30(8)：37-42.

[6] 张新平．校长角色转型研究——基于伯恩斯变革型领导理论的思考 [J]．教育发展研究，2008(Z2)：44-50.

[7] Linda G. Lambert. Lasting leadership：Toward sustainable school improvement[J]. Journal of Educational Change，2007，8(4).

[8] [加] 迈克尔·富兰．学校领导的道德使命 [M]．北京：教育科学出版社，2005：20.

[9] 廖志平．推进高职院校师德师风建设的考量 [J]．教育与职业，2016(6)：73-75.

[10] 庄百鹏，谭锦添．新时代高职院校青年教师师德师风建设研究 [J]．教育现代化，2018，5(29)：100-101.

[11] 米莉．新时代高校师德建设长效机制构建研究 [J]．北京教育（高教），2022(9)：49-51.